Os mortos e os vivos

Reginaldo Prandi

Os mortos e os vivos

Uma introdução ao espiritismo

TRÊS ESTRELAS

EDITOR Alcino Leite Neto

EDITORA-ASSISTENTE Rita Palmeira

COORDENAÇÃO DE PRODUÇÃO GRÁFICA Mariana Metidieri

PRODUÇÃO GRÁFICA Iris Polachini

CAPA Daniel Trench

PROJETO GRÁFICO DO MIOLO Mayumi Okuyama

PREPARAÇÃO Alexandre Caroli Rocha

REVISÃO Carmen T. S. Costa

FOTOS Latinstock/©Bettmann/Corbis/Corbis (DC) 11, 27, 30; Latinstock/©Frederic Soltan/Corbis/Corbis (DC) 37; Latinstock/Science Photo Library/SPL (DC) 43; Cecília Acioli/Folhapress/Acervo da Câmara Municipal do Rio de Janeiro 55; Divulgação/ Imagem cedida pela produção do filme *Bezerra de Menezes: o diário de um espírito* 56; Juan Esteves/Folhapress 65; Imagem cedida pelo Instituto de Difusão Espírita (IDE) 72; Divulgação/Imagem cedida pela produção do filme *Nosso Lar* 76; Silva Junior/Folhapress 84; Wilman/Acervo UH/Folhapress 87; Alan Marques/Folhapress 89; Marlene Bergamo/ Folhapress 97; Cristiane Komesu/Folhapress 99

Dados Internacionais de Catalogação na Publicação (CIP)
(Câmara Brasileira do Livro, SP, Brasil)

Prandi, Reginaldo
Os mortos e os vivos : uma introdução ao espiritismo /
Reginaldo Prandi. – São Paulo : Três Estrelas, 2012.

1ª reimpr. da 1ª ed. de 2012.
Bibliografia
ISBN 978-85-65339-08-7

1. Espiritismo - Filosofia I. Título

12-11005 CDD-133.901

Índice para catálogo sistemático:
1. Filosofia espírita 133.901

Este livro segue as regras do Acordo Ortográfico da Língua Portuguesa (1990), em vigor desde 1º de janeiro de 2009.

TRÊS ESTRELAS
Al. Barão de Limeira, 401, 6º andar
CEP 01202-900, São Paulo, SP
Tel.: (11) 3224-2186/2187/2197
editora3estrelas@editora3estrelas.com.br

Sumário

Os vivos e os mortos, espíritos e espiritismos

Muito antes do surgimento das religiões organizadas, o homem já acreditava em espíritos, e continua acreditando, pelo menos boa parte dos viventes. Desde cedo julgou-se que todos os seres e coisas – uma pedra, um rio, um pássaro, um homem, um bicho – também estariam dotados de um espírito, que seria sua parte imaterial, sua essência, seu princípio vital, sua força invisível, sua dimensão não perecível – são muitas as definições e concepções possíveis –, enfim: sua alma.

Incapaz talvez de entender e controlar a fúria assustadora do rio nas corredeiras e enchentes, a força descomunal do vento e da chuva nas tempestades, o fogo destruidor no faiscar do raio, a erupção feroz dos vulcões, as armadilhas aterradoras que a floresta oculta, o homem se curvou ao poder desses fenômenos e acidentes naturais, voltando-se para o espírito de cada um deles. A natureza seria, assim, apenas a forma material e exterior, o vaso, a casca, a aparência do espírito. A aparência nada mais seria que o receptáculo temporário e passageiro do verdadeiro ser, imaterial, que habita cada coisa e com ela se confunde. Desse modo, não passaria de aparência também o corpo humano, em que mora, temporariamente, o espírito do homem e da mulher.

Talvez a religião tenha surgido no momento em que o homem se convenceu de que há um espírito em tudo e que é possível estabelecer algum tipo de relação com ele, em benefício, evidentemente, da humanidade. Porque aprenderam a trocar uns com os outros, os humanos passaram a trocar com os espíritos. O homem ofereceu a eles tudo que é capaz de produzir, as coisas que são essenciais à vida: em primeiro lugar, água e comida; depois, diversão, como música e dança; por fim, submissão, na forma de lei, tabu e prece.

Nas coisas materiais que o homem produz e oferece aos espíritos, há espíritos também. O espírito das coisas que o homem teme recebe do homem o espírito daquilo que ele produz com suas mãos. A natureza, a realidade física, é a morada de espíritos maiores e menores. O espírito da montanha talvez seja maior que o espírito da formiga. Mas essa avaliação dependerá de como o homem vê a montanha e a formiga em sua vida, que importância elas têm para ele, e das trocas que está disposto a estabelecer com cada uma, com elas firmando um pacto. Aqui, a religião já existe. De todo modo, os espíritos das coisas maiores ou mais importantes para a vida humana recebem tratamento diferenciado, e assim surgem os deuses e seus cultos, com seus ritos, seus condutores e seus códigos de crenças, mandamentos e preceitos, escritos ou não. Abaixo dos deuses, estão espíritos menores que eles, mas ainda assim superiores aos homens: os heróis, os antepassados, os anjos, os santos e os guias.

Em certas sociedades, prega-se que um espírito supremo é o responsável por tudo que há no mundo, seja ele material ou imaterial. Essas civilizações cultuam um único deus, que acreditam ser também eterno e imutável. Espíritos de um nível menos elevado poderão coexistir com o espírito maior, mas evidentemente submetidos a seu poder. Há os que se rebelam contra esse poder e por isso se tornam maus espíritos, às vezes demônios, mas há também os que nunca se rebelaram e, mesmo assim, são maus. E tantos há que não são nem bons nem maus, mas apenas espíritos. O espírito do rio é bom na maior parte do tempo, nos dá água para beber, peixe para comer e uma superfície líquida para navegar, mas se revela como mau quando extravasa seu leito e se põe a destruir o que encontra pelas margens. O espírito do rio deve ser tratado com respeito.

Religiões surgidas nos últimos dois milênios acabaram se esquecendo dos espíritos de todas as coisas que há no mundo e se voltaram para os espíritos dos seres vivos, em especial dos animais, e depois apenas dos humanos. Mas nem toda a humanidade pensa assim.

Pensando exatamente na humanidade, se a matéria é um receptáculo temporário, quando esta perece, o que ocorre com o espírito que nela mora e a ela anima? Quando o ser humano morre, o que acontece? Essa é a grande questão da maioria das religiões, se não de todas. A morte é a grande razão de ser da religião, talvez mais que a vida. Religiões do mundo inteiro e de todas as épocas tratam de responder a essa dúvida. E as respostas podem ser diferentes.

A mais comum delas diz que o espírito deixa o corpo morto e vai para outro lugar. Para algumas religiões, ele vai habitar outro mundo, às vezes o mundo de Deus ou dos deuses, que são os espíritos maiores, e ali pode receber prêmios ou punições, ou simplesmente nada. Esse mundo espiritual pode ser de delícias ou de sofrimentos. Pode ser um lugar sem atrativo algum, que a todos desagrada pela ausência de prazeres, um lugar que o espírito quer deixar o mais cedo possível.

Para outras religiões, o espírito do morto apenas mudará de envoltório material, passando em algum momento a habitar outro corpo, da mesma espécie daquele que a morte o fez abandonar, ou mesmo de uma espécie diferente. Quem pode garantir que o espírito da montanha ou o da formiga não tenha antes habitado um corpo de mulher? Só a religião pode dar respostas a questões como essa, e é para isso que elas servem, mesmo que suas verdades não possam ser explicadas e comprovadas a não ser pelos próprios meios da religião, em uma inescapável circularidade da fé.

Somente a religião pode falar da existência ou não do mundo dos espíritos e de tudo o que lá acontece. Quando se crê que alguém que está aí, vivo, já viveu outra vida, noutro corpo, ou que ainda viverá como alma de outros homens que estão para nascer, em tempos futuros e planos diferentes, é a religião que dará sentido a essa crença, justificando por que e como ocorre esse processo de reencarnações da alma. Farão o mesmo todas as formas de crença cujo atributo necessário está em acreditar que existem um outro mundo ou uma outra dimensão de existência que não se confundem com o mundo material.

Diante da tragédia da morte inevitável e da falência total a que está fadado o corpo, mais cedo ou mais tarde, cabe ao espírito – por meio das religiões – garantir nossa existência

O paraíso, em gravura (detalhe) de Gustave Doré para A *divina comédia*, de Dante.

na eternidade, isto é, vencer a morte. A crença nos espíritos nos leva a aceitar a ideia de que a morte não é suficientemente poderosa a ponto de aniquilar por completo a nossa existência. Podemos continuar a existir – talvez para sempre – em um outro corpo, em um outro plano, em um outro mundo, ainda que não se preservem a forma nem as lembranças da vida que termina. A morte passa a ser interpretada apenas como o fim de um corpo, não da alma.

A morte pode ser também entendida como momento de migração do espírito. O espírito pode renascer em um outro corpo, pode reencarnar em um animal, em outro ser humano. Pode inclusive continuar a existir como uma espécie de sombra, como acreditavam os antigos gregos. O corpo se decompõe e volta a ser o pó do qual surgiu, mas o espírito permanece de algum modo.

Pensa-se também que, por algum motivo perverso, um espírito que perde seu aparelho físico, seu corpo, pode ficar preso a este mundo material, incapaz de seguir seu destino em direção ao mundo espiritual a que está destinado após a morte. E aqui ficando, quando deveria prosseguir em sua jornada além da morte, nem vivo nem morto, acaba ocupando um lugar que não é mais seu, incomodando os vivos e sofrendo com sua condição de ser e não ser. É o que chamamos de assombração, essa entidade espiritual tão cara às tradições populares de tantas e tantas épocas. São sombras errantes, fantasmas, espectros desencarnados, prisioneiros informes de uma vida material a que não têm mais direito e, ao mesmo tempo, marginais do mundo imaterial, ao qual não querem pertencer.

No Ocidente de tradição judaico-cristã, assim como entre os muçulmanos, acredita-se que um, e apenas um, espírito habita cada corpo humano: a pessoa é formada pelo corpo material perecível e por sua alma imaterial imortal. Mas outras religiões, antigas e contemporâneas, ensinam que as almas de uma mesma pessoa podem ser múltiplas e ter destinos diferentes com a morte do corpo.

Para apresentar como exemplo uma religião brasileira que assim crê, citemos o candomblé, de origem africana, segundo o qual o homem tem três almas ou espíritos: primeiro, o *orixá pessoal*, uma ínfima porção do espírito de algum aspecto específico da natureza, cultuado como divindade e denominado apenas *orixá* (o espírito do mar, do trovão, da floresta, do rio, do raio, do ar etc.); segundo, o *egum*, a alma renascida de um parente morto; e, terceiro, o *ori*, a alma individual que contém o destino de cada vivente e, por isso mesmo, não pode nascer de novo e ter outra vida em outro corpo.

Enquanto o ori perece com o corpo, a alma-orixá retorna à natureza e o egum vai para o mundo dos espíritos, de onde voltará à vida no corpo de um novo membro daquela família. O egum, que reencarna após a morte, garante a continuidade da vida, reproduzindo a família e a sociedade em um ciclo eterno de renascimentos. Ele permanece no céu dos orixás apenas o tempo de espera para renascer de novo, pois a eternidade do homem se efetiva neste mundo material que habitamos na condição de seres viventes. O orixá pessoal, que retorna à natureza para também renascer mais uma vez e sempre, garante a continuidade do espírito do mundo físico, que serve de arcabouço às forças vitais que os fiéis dessa religião chamam de *axé*, a força espiritual que move o mundo.

Para um católico, pelo menos segundo a doutrina oficial, não há renascimento, não há reencarnação, a não ser no final dos tempos, quando todos comparecerão em corpo e alma ao juízo final. O espírito imortal abandona o corpo no momento da morte e tem um destino determinado pelas ações vividas antes da morte. A alma dos que tiveram uma vida terrena de acordo com os preceitos da religião deverá ir para o céu, morada de Deus e dos anjos, ou para o inferno, reino do diabo, onde pagam suas penas os pecadores, isto é, os que viveram em desacordo com os ensinamentos morais da religião.

Uma região intermediária de purificação, o purgatório, é reservada aos espíritos que não merecem completamente o inferno, mas que ainda não estão moralmente aptos para entrar no céu. Os vivos devem rezar pelas almas que estão no purgatório para que elas consigam alcançar brevemente a misericórdia divina e assim habitar o paraíso. O purgatório é temporário, mas céu e inferno são destinos definitivos, prêmio e punição por toda a eternidade. Cristãos das mais diversas denominações evangélicas, entretanto, não podem contar com a possibilidade do purgatório, eliminado pela teologia da Reforma Protestante. Para muitos deles, as ações neste mundo importam menos, pois basta a fé para levar a alma diretamente ao céu e obter a glória de estar junto a Deus.

Por alguma razão, há os espíritos que não seguem imediatamente para o lugar a que estão destinados e ficam na Terra como fantasmas, como foi dito. Sua presença entre os vivos causa todo tipo de transtorno e por isso são temidos e evitados. Na tradição católica popular do mundo rural brasileiro, hoje enfraquecida com o avanço dos modos de pensar próprios da vida urbana secularizada, os espíritos dos mortos ocupam lugar de realce.

Reza-se muito, tanto pelas almas do purgatório, o que está de acordo com a orientação oficial do catolicismo, quanto pelos espíritos que vagam perdidos, como assombrações, aparições amaldiçoadas e visagens, o que está em desacordo com os ensinamentos da Igreja. No mundo rural tradicional, teme-se muito mais a influência dos espíritos do que a dos vivos. Os espíritos dos mortos devem ser afastados, sempre. Usa-se um arsenal de objetos mágicos, rezas e ritos para mantê-los o mais longe possível.

Falar de espíritos é falar também de crenças populares denominadas *crendices*, frequentemente consideradas de cunho supersticioso, que sobrevivem longe do controle das religiões institucionalizadas. Não raro, crenças de uma religião se justapõem a crenças de outra, em um jogo de associações e sincretismos que apagam as fronteiras bem marcadas das doutrinas oficiais. Especialmente em matéria de espíritos.

Um bom exemplo: embora a Igreja Católica negue a reencarnação, muitos católicos – no Brasil, pesquisas falam em metade ou mais da população católica – acreditam em vidas passadas, na reencarnação do espírito neste mundo. Outro exemplo: apesar de a mesma Igreja rejeitar a comunicação com espíritos dos mortos, muitos de seus fiéis creem nessa possibilidade e até lançam mão de rituais não católicos para alcançar seus mortos.[1]

Em termos da posição ocupada pelos espíritos dos mortos em sua doutrina e na prática ritual, as religiões podem ser classificadas em dois tipos, embora os extremos possam se combinar em graus diversos, formando tipos intermediários. De um lado, estão as religiões que deixam os espíritos dos mortos em paz, que não os invocam, não os querem por perto nem acreditam que eles devam merecer atenção permanente, fora os ritos de passagem da vida para a morte e as homenagens eventuais em memória daqueles que deixaram este mundo. De outro, estão as que tratam os espíritos com intimidade, aceitando sua proximidade com o mundo físico, acreditando na importância de sua presença constante no cotidiano dos viventes e recorrendo à sua interferência, como auxílio para os que vivem na Terra, assim investindo os espíritos de um trabalho a fazer, de uma missão a cumprir.

O catolicismo oficial e as denominações evangélicas podem ser incluídos no primeiro grupo. As religiões de antepassados, talvez pertencentes à classe das religiões mais antigas, fazem parte do segundo grupo: os espíritos dos ancestrais, fundadores de clãs, troncos familiares, linhagens sociais, merecem o mesmo tratamento que é dado aos vivos. Eles recebem oferendas, festas, homenagens e a maior de todas as considerações, o que significa não ser nunca esquecido e assim viver eternamente na memória de seu povo. Em troca, os espíritos trabalham: aju-

1 Ver Pierucci, Antônio Flávio; Prandi, Reginaldo. *A realidade social das religiões no Brasil.*

dam seus descendentes na solução de problemas de todo tipo, garantindo-lhes saúde e vida longa, fertilidade às mulheres, boas colheitas, vitória nas guerras e tudo mais que faz feliz um povo. Religiões de origem bem mais recente também se incluem nesse tipo. É o caso do espiritismo kardecista.

Há um variado conjunto de práticas, religiosas ou não, que se ocupam dos espíritos dos mortos, procurando alguma forma de contato com eles. Desde tempos antigos, a comunicação com os mortos é buscada por meio de intermediários que possam dar ao espírito aquilo que ele não tem mais e que é necessário para uma comunicação com os vivos: um corpo humano, com sua capacidade de se manifestar, ver, ouvir e, sobretudo, falar. Humanos dotados de aptidões especiais atuam como meio para que os espíritos possam se exprimir, e por isso são chamados de *médiuns*.

O espírito fala pela boca do médium, também pode escrever pela mão de seu intermediador ou se fazer entender por outros estratagemas. Trata-se de mecanismo ritual já usado, por exemplo, nos oráculos de deuses da Antiguidade Clássica e na manifestação de antepassados cultuados por religiões africanas introduzidas no Brasil pelos escravos. Mas há outros recursos igualmente conhecidos, como a manifestação do espírito por meio de sinais, de movimentos, de deslocamento de objetos, da produção de sons, aromas, luz, sensação de contato físico e assim por diante.

As chamadas mesas falantes ou girantes, que se moviam e respondiam a perguntas com certo número de batidas das pernas no chão, supostamente movidas por espíritos, chegaram a se tornar objeto de curiosidade e passatempo de famílias e grupos de amigos. Outro tipo de recurso, até hoje em voga, é o do círculo de letras do alfabeto que permite a formação de palavras e frases pelo movimento de um copo pressionado pelos dedos de pessoas dispostas em torno de uma mesa. O contato com os espíritos através da voz ou da escrita de um médium acabou se tornando, contudo, a forma preferencial de comunicação dos seguidores da religião espírita.

Vale lembrar que todos esses procedimentos, conduzidos com a honestidade própria da fé, ou às vezes de maneira fraudulenta, sempre foram proibidos pelo catolicismo e pelas igrejas reformadas, e não raro foram interpretados como coisas do demônio. Para essas, somente sacerdotes e pastores habilitados podem lidar com fenômenos evocados por tais práticas, em geral entendidas como manifestação do diabo e obstruídas por rituais de exorcismo, os quais buscam afastar o espírito e impedi-lo de ter contato com os humanos, seja esse espírito de quem for ou o que for.

Foi em meados do século XIX que a prática da comunicação com os espíritos tornou-se moda em círculos sociais de muitos países. Em 1848, surgiu nos Estados Unidos o *movimento espiritualista*, que logo se espalhou por diferentes partes da Europa, reunindo até mesmo intelectuais e cientistas de renome. Nessa época, os que se dedicavam à prática de comunicação com os espíritos dos mortos a chamavam de espiritualismo e se autodenominavam espiritualistas.

Foi a fim de distinguir sua doutrina do espiritualismo, que Allan Kardec denominou-a *espiritismo*. Em 1857, ele publicou na França *O livro dos espíritos*, obra que marcou o início do movimento espírita. Proposto por seu fundador, chamado de "o codificador", não apenas como religião, mas também como filosofia e ciência, o espiritismo se baseia na comunicação com os espíritos dos mortos e na crença na reencarnação. *O livro dos espíritos* e outros que Kardec publicou mais tarde chegaram rapidamente ao Brasil, onde o espiritismo, também denominado kardecismo, veio a se constituir, ao longo do tempo, em uma nova religião, uma religião mediúnica, com a contribuição de Bezerra de Menezes e Chico Xavier, entre outros.

Um caso primordial contado pelo mestre do mistério policial

Antes mesmo de Allan Kardec, muitas iniciativas de comunicação com os espíritos prosperaram mundo afora no decorrer do século XIX, atraindo curiosos, intelectuais, cientistas e pessoas interessadas no contato com pessoas falecidas, especialmente seus entes queridos. Grupos, sociedades e movimentos variados se formaram, alguns ligados a interesses religiosos, outros que visavam à experimentação científica e à comprovação de que haveria vida depois da morte. Médiuns, isto é, pessoas dotadas da capacidade de servir como meio de comunicação dos espíritos, surgiram por toda parte. As possibilidades de experiências espiritualistas cresceram rapidamente.

Um dos acontecimentos que marcaram mais profundamente a história do espiritualismo, o chamado caso de Hydesville, também conhecido como o caso das irmãs Fox, começou com as experiências mediúnicas vividas por duas meninas em 1848, em um povoado norte-americano.

Em Hydesville, atual Arcadia, no Estado de Nova York, Katherine, ou Kate, de onze anos, e Margaret, ou Maggie, de catorze, protagonizaram episódios considerados como o início do espiritismo, embora este ainda estivesse longe de apresentar os conteúdos doutrinários que fariam dele uma religião. Às duas garotas, mais tarde, se juntou Leah, irmã bem mais velha, casada e residente em outra cidade. Os Fox, uma família americana de origem canadense, então com sete filhos, de repente se viram envolvidos nos estranhos fatos que ganharam notoriedade mundial.

Em 1926, sir Arthur Conan Doyle (1859-1930), médico escocês, historiador e escritor, criador do romance policial e do detetive Sherlock Holmes, além de espiritualista convicto, publicou em dois volumes *A história do espiritualismo* (*The History of Spiritualism*), em que faz um panorama bastante amplo das práticas mediúnicas de então, em todo o mundo. Entre os vários temas por ele abordados, destaca-se o caso das irmãs Fox.

Em documento firmado em 11 de abril de 1848, a senhora Margaret Fox, mãe das meninas, contava o seguinte:

> Na noite da primeira perturbação, todos nos levantamos, acendemos uma vela e procuramos por toda a casa. Enquanto isso, o barulho continuava. [...] Embora o ruído não fosse muito alto, aquilo que o produzia provocava certo movimento nas camas e cadeiras a ponto de notarmos quando deitados. Era uma espécie de tremor, mais que um abalo súbito, que nós podíamos perceber quando colocávamos os pés no chão.[2]

A senhora Fox relatou que, naquele dia, ouviu batidas à porta, mas, ao abri-la, não viu nada. Ela postou-se, então, na

2 Conan Doyle, Arthur. *The History of Spiritualism*, v. I, p. 62.

entrada, enquanto seu marido ficou do lado de fora. Na porta que estava entre eles, as batidas continuaram. Também ouviram passos na copa e na escada. Por causa dos ruídos, não conseguiam repousar, e ela concluiu que a casa deveria estar assombrada por um espírito infeliz e inquieto. Só conseguiram dormir perto de meia-noite, quando os ruídos ainda eram ouvidos por quase toda a residência. Disse que muitas vezes tinham-lhe falado de casos semelhantes, mas que nunca testemunhara nada parecido.

Na noite da sexta-feira 31 de março de 1848, a família decidiu ir para a cama um pouco mais cedo e não se deixar perturbar pelos barulhos. "Teríamos uma noite de repouso", contou ela. Sem conseguir dormir direito por noites a fio, a senhora Fox quase se sentia doente. Seu marido ainda não tinha se deitado quando começaram novamente os ruídos. As meninas, que dormiam em outra cama no mesmo quarto, procuraram fazer ruídos semelhantes aos que ouviam, estalando os dedos. Ela afirmou:

> Minha filha menor, Kate, disse, batendo palmas: "Faça isso que eu faço". Imediatamente seguiu-se o som, com o mesmo número de palmadas. Quando ela parou, o som também parou. Então Margaret disse, brincando e batendo palmas: "Agora faça igualzinho a mim. Conte um, dois, três, quatro". Então, os ruídos produziram-se como antes. Ela teve medo de repetir aquilo. Então, Kate disse, na sua simplicidade infantil: "Oh, mamãe! eu já sei o que é. Amanhã é 1º de abril, e alguém quer nos pregar uma mentira".[3]

3 Idem, ibidem.

A senhora Fox resolveu, então, fazer um teste e pediu a quem quer que estivesse se comunicando que indicasse, por meio de ruídos, as idades de seus filhos. Imediatamente, foi dada a idade exata de cada um deles, com uma pausa entre uma e outra, até o sétimo filho. Depois disso, fez-se uma pausa maior e três batidas mais fortes foram dadas: correspondiam à idade do filho menor, que havia morrido aos três anos.

Depois, ela perguntou se era um ser humano que estava respondendo tão corretamente. Não houve resposta. Perguntou se era um espírito. "Se for, dê duas batidas", sugeriu. Duas batidas foram ouvidas. Ela disse: "Se é o espírito de alguém que morreu assassinado, dê duas batidas". Foram dadas imediatamente.

Ela prosseguiu: "Foi alguém assassinado nesta casa?". A resposta foi positiva. "A pessoa que o assassinou ainda vive?" Resposta: duas batidas. Usando o mesmo recurso, a senhora Fox ficou sabendo que fora um homem que cometera o assassinato, e que o corpo estava enterrado na adega. Soube ainda que a família do morto era constituída de esposa e cinco filhos – dois rapazes e três meninas. Então, perguntou: "Continuará a bater se eu chamar os vizinhos, para que eles também escutem?". Com um som bastante alto, o espírito respondeu afirmativamente.

A senhora Fox continuou:

> Meu marido foi chamar a senhora Redfield, nossa vizinha mais próxima, que é uma pessoa muito delicada. As meninas estavam sentadas na cama, agarradas uma à outra e tremendo de medo. Acho que eu estava tão calma como estou agora. Eram cerca de

> sete e meia da noite, a senhora Redfield veio logo, pensando que faria as meninas darem umas boas risadas. Mas, quando as viu pálidas de terror e quase sem fala, ficou admirada e pensou que havia algo mais sério do que esperava. Fiz algumas perguntas por ela, e as respostas foram como antes. Deram a idade exata dela. Então, chamou o marido, e as mesmas perguntas foram feitas e respondidas.[4]

A senhora Redfield chamou vários vizinhos, entre eles o senhor Duesler, que fez diversas perguntas, todas respondidas. A senhora Fox depois citou o nome de vários vizinhos e perguntou se algum deles era o responsável pela morte daquele que estava se comunicando. Não teve resposta. A seguir, o senhor Duesler perguntou: "Seu assassino pode ser levado a julgamento?". Nenhuma resposta. "Pode ser punido pela lei?" Nenhuma resposta. Ele disse, por fim: "Se seu assassino não pode ser punido pela lei, nos dê um sinal". Batidas foram ouvidas claramente.

Pelo mesmo processo, o senhor Duesler constatou que o assassinato ocorrera havia cinco anos, em uma terça-feira, à meia-noite, no quarto do lado leste da casa. O assassino usara uma faca de açougueiro para atingir a vítima com um golpe na garganta. Soube também que o corpo tinha sido levado para a adega e ali fora enterrado na noite seguinte, cerca de três metros abaixo do solo. Também foi constatado que o motivo do crime fora uma disputa de dinheiro. "Qual a quantia: cem dólares?"

4 Idem, ibidem, pp. 63-4.

Nenhuma resposta. "Duzentos?", "Trezentos?" etc. Quando o senhor Duesler mencionou quinhentos dólares, as batidas confirmaram a quantia.[5]

Ainda segundo o relato da senhora Fox, foram chamados vizinhos que estavam pescando no rio, ali perto. Estes ouviram as mesmas perguntas e respostas. Alguns permaneceram na casa naquela noite. No dia seguinte, a residência dos Fox ficou superlotada: ao anoitecer os sons recomeçaram.

Conforme relata Conan Doyle, mais de trezentas pessoas estiveram no local. Na noite de sábado, 1º de abril, começaram a escavar o chão da adega. Cavaram até alcançar água, sem encontrar nenhuma ossada. No domingo pela manhã, os ruídos foram ouvidos por todos os que estavam na casa, mas nada se ouviu na tarde e na noite de domingo.

Nos dias seguintes, várias perguntas foram respondidas da mesma maneira pelo espírito. Disse a senhora Fox em seu testemunho:

> Não acredito em casas assombradas nem em aparições sobrenaturais. [...] Estou ansiosa para que a verdade seja conhecida e uma comprovação correta seja concluída.[6]

A senhora Hannah Weekman também deu seu depoimento, colhido em 11 de abril de 1848 e confirmado por seu marido, Michael Weekman. Ela disse que ouviu falar dos ruídos

5 Idem, ibidem, p. 64.

6 Idem, ibidem, p. 65.

As irmãs Margaret, Katherine e Leah Fox, em litografia de Currier and Ives, de cerca de 1850.

misteriosos na casa. Sua família havia morado ali durante um ano e meio e na época tinha ouvido batidas à porta de entrada, como ela contou:

> Eu acabara de me deitar, mas meu marido ainda não. Por isso, foi ele quem abriu a porta, mas não havia ninguém lá fora. Voltou e já ia se deitar quando ouvimos as batidas outra vez. Ele foi à entrada

novamente, mas não encontrou pessoa alguma. Apesar disso, esperou um pouco. Então voltou e se deitou. Estava muito zangado, pois supunha que fosse algum garoto da vizinhança querendo nos aborrecer. Ele disse que "eles podiam bater, mas não o levariam na brincadeira", ou coisa semelhante.[7]

As batidas foram ouvidas outra vez, e ela pediu que seu marido não abrisse a porta, pois temia que alguém quisesse agredi-lo. Naquela noite, ouviram muitos barulhos, mas não sabiam dizer de onde vinham. Às vezes, parecia que também havia alguém andando na adega. Como a casa era velha, pensaram que os ruídos pudessem ser estalos da madeira antiga ou coisa parecida.

Algumas noites depois, uma de suas filhas que dormia no quarto onde também se ouviam as batidas acordou aos prantos. A senhora Weekman, seu marido e a empregada levantaram-se para ver o que estava acontecendo. A menina, então com oito anos, disse que algo se movimentava acima de sua cabeça, provocando uma sensação de frio. Estava muito assustada. Foi para a cama dos pais, mas custou a adormecer.

Depois de várias tentativas fracassadas, deixou-se de procurar por um possível corpo enterrado em algum lugar da casa onde viviam os Fox, mas as investigações realizadas apontavam para o suposto assassinato de um mascate que teria andado por lá anos antes e desaparecera sem deixar vestígios. Nada foi esclarecido.

7 Idem, ibidem, v. II, p. 471.

Muito se disse, muito se escreveu. Toda a comunidade estava envolvida, e a família Fox sofria grande pressão.

Devido ao tumulto provocado pelos acontecimentos na vida da família, as meninas Margaret e Kate foram afastadas da casa dos pais. A primeira foi morar com seu irmão David, e a outra, com a irmã Leah, casada, que vivia em Rochester. Para onde quer que fossem, os ruídos insistiam em acompanhar as garotas. Não tardou muito, e Leah passou também a apresentar os fenômenos mediúnicos das duas irmãs mais novas. Agora o caso envolvia não apenas duas, mas três irmãs Fox.

Em pouco tempo, o mesmo tipo de acontecimento passou a ser observado em outras famílias americanas, e logo virou uma espécie de epidemia, espalhando-se por várias cidades do mundo, conforme haviam profetizado as irmãs Fox. As próprias entidades invisíveis orientavam para que se fizessem reuniões públicas em que elas pudessem manifestar-se ostensivamente.

Como se pode ler no livro de Conan Doyle:

> Era uma espécie de nuvem psíquica, que descia das alturas e se manifestava para aquelas pessoas suscetíveis. Ouviram-se sons parecidos na casa do reverendo A. H. Jervis, ministro metodista que vivia em Rochester. Fenômenos físicos poderosos também ocorreram com a família do diácono Hale, de Greece, uma cidade vizinha a Rochester. Pouco mais tarde, as senhoras Sarah A. Tamlin e Benedict, de Auburn, desenvolveram uma extraordinária mediunidade.[8]

8 Idem, ibidem, v. I, p. 74.

Reunião de espiritualistas em torno da chamada mesa girante ou falante, em ilustração anônima da primeira metade do século XIX.

As irmãs Fox viveram por cerca de dez anos ocupadas com o fenômeno espiritualista, realizando apresentações dos seus poderes mediúnicos. Nas primeiras dessas apresentações, o público incrédulo era convidado a examiná-las e comprovar que elas não se valiam de nenhuma manipulação ou truque ilusionista. A fama das meninas foi acompanhada de muitos escândalos, com acusações de fraudes por parte de membros da própria família Fox, que em certo momento se desentenderam e se separaram.

Em outubro de 1888, Margaret Fox, com o apoio de sua irmã Katherine, confessou para uma plateia estarrecida que fraudava os fenômenos das alegadas comunicações com os espíritos e, como uma das fundadoras do espiritualismo, declarou que tudo havia sido uma farsa, do começo ao fim, que o movimento era a blasfêmia mais perversa conhecida no mundo. Dias depois, foi a vez de Kate afirmar que o espiritualismo era a maior impostura do século. Disse que ela e Margaret haviam começado o embuste quando eram crianças, inocentes demais para compreender o que faziam, incentivadas por Leah, 23 anos mais velha. As irmãs revelaram que as batidas eram produzidas por estalidos dos dedos do pé dentro do sapato, ruído que elas tinham aprendido a fazer por acaso e transformaram em uma brincadeira que depois virou a farsa dos espíritos que se comunicavam.[9]

A história das irmãs Fox, entretanto, não termina aqui.

Mais tarde, as confissões de fraude foram desmentidas pelas próprias irmãs, que alegaram tê-las feito sob a pressão de autoridades religiosas e também em troca de recompensas em dinheiro. Por terem começado suas experiências espiritualistas em tão tenra idade, não podendo contar com nenhuma orientação religiosa ou médica segura sobre sua mediunidade, sofrendo além disso pressão de familiares que tiravam proveito dos acontecimentos, por tudo isso, as irmãs teriam sido levadas a não acreditarem em si mesmas e em tudo que haviam vivido.

Leah Fox morreu em 1890, Katherine, em 1892, e Margaret, em 1893, todas as três reverenciadas como respeitáveis médiuns espiritualistas. Os fatos de Hydesville continuaram a ser estudados por pesquisadores e intelectuais.

Em 23 de novembro de 1904, conta Conan Doyle, o *Boston Journal* noticiou que o esqueleto do homem cujo espírito se supunha ter causado os barulhos ouvidos pelas irmãs Fox havia sido encontrado na casa. A descoberta fora feita por crianças

9 Idem, ibidem, pp. 104-15.

de uma escola local em meio às ruínas da adega da "casa mal--assombrada", como era então conhecida a habitação. Perto da ossada, foi encontrado um estojo em estanho usado na época por mascates, o que serviu como indício da profissão do morto. "Esse estojo está agora preservado em Lilydale, na sede regional dos Espiritualistas Americanos", diz o escritor.[10]

O caso das irmãs Fox é apenas um dos diversos episódios narrados por Conan Doyle em seu livro, que faz uma extensa e pormenorizada história do espiritualismo. Trata de diferentes movimentos e personalidades envolvidas, registrando o trabalho dos médiuns mais antigos e daqueles de sua época. Ao apresentar a obra, esclarece:

> Eu escrevi alguns ensaios sem maior preocupação além de proporcionar a mim e outras pessoas uma visão clara de episódios, a meu ver, importantes na história recente do desenvolvimento espiritual da humanidade. Entre eles, estudos sobre Swedenborg, Irving, A. J. Davis, o caso de Hydesville e a história das irmãs Fox [...]. Estes se achavam prontos quando me ocorreu a ideia de ir mais adiante, dando uma história mais completa do que as anteriormente publicadas do movimento espiritualista, uma história que tivesse a vantagem de ser escrita de dentro e com conhecimento pessoal e íntimo dos fatores que caracterizam esse moderno desenvolvimento.[11]

10 Idem, ibidem, p. 69.

11 Idem, ibidem, p. VII.

Ao tratar da situação em países da Europa continental, Conan Doyle diz que o espiritualismo na "França e nas raças latinas concentra-se em torno de Allan Kardec, que prefere o termo 'espiritismo' e cujo traço predominante é a crença na reencarnação". Comentando a ideia kardecista de que o progresso espiritual é promovido pelas inúmeras reencarnações, escreve que "os espiritualistas ingleses não chegaram a uma conclusão sobre a reencarnação. Alguns a aceitam, outros não, mas a atitude geral é que a reencarnação não pode ser comprovada cientificamente, e por isso o melhor seria excluí-la da política ativa do espiritualismo".[12]

Quase setenta anos haviam se passado desde o aparecimento de *O livro dos espíritos*, publicado em 1857. Plenamente assentada na obra de Kardec, a religião já estava bem formada no Brasil, reconhecida pelo nome de espiritismo, espiritismo kardecista ou, simplesmente, kardecismo.

12 Idem, ibidem, 1926, v. II, p. 323.

Allan Kardec e a doutrina da vida além-túmulo

A comunicação com os espíritos já era bastante conhecida quando Hippolyte Léon Denizard Rivail (1804-1869), filho de um juiz de Lyon, na França, passou a se interessar por ela. Livros sobre o assunto – a favor e contra – vinham sendo publicados havia alguns anos, sociedades e grupos de estudos se formavam, muitos deles ligados a igrejas e denominações religiosas. O interesse maior girava em torno das possibilidades de desvendar a verdadeira natureza do fenômeno, bem como estabelecer regras científicas para sua prática. Entretanto, o espiritualismo, como até então era chamado, estava longe de ser pensado como alternativa religiosa.

Educado segundo os preceitos acadêmicos mais avançados de sua época, Hippolyte Rivail internalizou desde cedo os princípios da investigação científica aliada à liberdade de pensamento, à objetividade na observação e também ao empenho no desenvolvimento conceitual de apreensão da realidade. Intelectual francês do século XIX, não podia estar alheio às ideias do positivismo, do evolucionismo e do empirismo, moldadas pelas diretrizes maiores do racionalismo. Ensinou matemática, ciências físicas e naturais, história, astronomia, línguas e retórica. Foi tradutor, pedagogo consciencioso e autor de livros sobre educação. Membro de diversas sociedades científicas, defendia a educação pública, a modernização e a democratização do ensino.

Os primeiros contatos de Rivail com os espíritos se deram por intermédio de duas filhas de um amigo que desenvolveram capacidade mediúnica. Ele estudou o caso por longo tempo, ampliando cada vez mais os limites de sua observação e de seu envolvimento com o mundo espiritual. Aos poucos, sua percepção do fenômeno foi ganhando contornos próprios. Passou a acreditar que alguma razão maior poderia ser encontrada por trás das meras manifestações que encantavam curiosos, crentes e praticantes devotados.

Quando sua doutrina pessoal sobre os espíritos amadureceu, a crença na reencarnação se mostrou como sua característica principal. Muitos espiritualistas acreditavam na reencarnação, enquanto outros a rejeitavam completamente.

A crença na reencarnação parece ter-se originado na Índia e ter sido introduzida no hinduísmo por volta do século VI a.C. Segundo a doutrina, as almas de todos os seres vivos – plantas e animais, homens e até mesmo deuses – estão sujeitas a um ciclo perpétuo de renascimentos. A condição de uma alma nesta vida é determinada por suas ações no passado, lei a que se dá o nome de *carma*. Uma mesma alma sobe na escala do ser pela realização de boas obras, e desce por haver feito más obras. Não há, porém, uma finalidade no processo, alguma meta a ser alcançada.

Essa doutrina, comum ao hinduísmo, ao budismo e ao janaísmo, gradualmente se difundiu da Índia para o Ocidente. Rivail retomou tal ideia e a modificou drasticamente, definindo que há um objetivo maior que preside as reencarnações sucessivas e que o espírito humano somente reencarna como ser humano. Além disso, para ele, não se podia mais entender o espírito e a reencarnação separadamente. Cada ser humano vivente nesta Terra teve vidas anteriores e terá outras no futuro, mais ou menos aperfeiçoadas, seja aqui ou em outros mundos, passando o espírito necessariamente por várias reencarnações.

Busto de Allan Kardec, em seu túmulo, no cemitério de Père Lachaise, em Paris, onde está escrito: "Fundador da filosofia espírita".

Em 1857, Hippolyte Léon Denizard Rivail publicou *O livro dos espíritos*, a primeira das cinco obras fundamentais do espiritismo, todas com a autoria de Allan Kardec, o novo nome por ele adotado. Muito se especulou sobre essa mudança de nome. Uma das razões teria sido a intenção do autor de diferenciar seus novos livros dos que escrevera anteriormente, de cunho pedagógico e acadêmico. Ou talvez fosse para indicar, com o novo nome, o nascimento de um novo homem, que reencontrara sua identidade na descoberta do mundo dos espíritos. Há também a suposição de que o nome Allan Kardec teria sido adotado por Rivail para indicar que ele não seria o autor das obras, mas apenas o instrumento material de sua revelação pelos espíritos, e há a versão de que se trataria do nome usado por Hippolyte Rivail em uma de suas vidas passadas.

Ele deixa então de falar em espiritualismo e prefere a palavra "espiritismo", marcando assim outra fronteira, outro ponto de recomeço, de origem. *O livro dos espíritos* foi um sucesso editorial e até a morte do autor teve dezesseis edições. A segunda, publicada em 1860, que mereceu muitas emendas, acabou se tornando a versão oficial do livro. Escrito na forma de perguntas e respostas, a primeira edição arrolava 501 questões e a segunda, 1.019, mais que o dobro. Depois de *O livro dos espíritos* vieram *O livro dos médiuns* (1861), *O Evangelho segundo o espiritismo* (1864), *O céu e o inferno* (1865) e *A gênese* (1868). São os livros da codificação do espiritismo, ou espiritismo kardecista, ou kardecismo. Os livros *Viagem espírita em 1862* (1862) e *Obras póstumas* (1890), além da *Revista Espírita* (iniciada em 1858, com periodicidade mensal), também fazem parte da obra espírita de Kardec.

Para ele, o espiritismo era ao mesmo tempo filosofia, ciência e religião, e o aspecto científico, ao menos como proposta intelectual, foi o que fez, primeiramente, despertar um interesse maior do público, tanto na Europa quanto no Brasil, quando a doutrina aqui chegou.

As teses mais importantes do espiritismo de Allan Kardec são facilmente compreensíveis e, em grande parte, foram preservadas na constituição do que veio a ser o espiritismo no Brasil, único país em que a doutrina deu origem a uma religião completa e autônoma. Mesmo na França, o país do codificador, como Allan Kardec é chamado por muitos de seus seguidores, o espiritismo é hoje pouco lembrado e nunca se transformou em um movimento religioso, como no Brasil.[13]

Segundo Kardec, a comunicação com os espíritos dos mortos, ou desencarnados, não somente é possível, mas desejável. A vida na Terra nada mais é que um pequeno e transitório momento na trajetória do espírito, de modo que a compreensão do ser humano e de tudo que ele faz aqui só é possível se se levar em conta seu passado constituído de outras vidas e seu futuro muito além da morte. Todos os que vivem na Terra nada mais são que espíritos reencarnados, que podem ter habitado e ainda irão habitar diferentes mundos em suas diferentes encarnações.

13 Ver Arribas, Célia da Graça. *Afinal, espiritismo é religião?*; e Aubrée, Marion; Laplantine, François. *A mesa, o livro e os espíritos: gênese, evolução e atualidade do movimento social espírita entre França e Brasil.*

Kardec explica que:

> A reencarnação pode dar-se na Terra ou em outros mundos. Há entre os mundos alguns mais adiantados onde a existência se exerce em condições menos penosas que na Terra, física e moralmente, mas onde também só são admitidos espíritos chegados a um grau de perfeição relativo ao estado desses mundos. A vida nos mundos superiores já é uma recompensa, visto nos acharmos isentos, aí, dos males e vicissitudes terrenos. Onde os corpos, menos materiais, quase fluídicos, não mais são sujeitos às moléstias, às enfermidades, e tampouco têm as mesmas necessidades. Excluídos os espíritos maus, gozam os homens de plena paz, sem outra preocupação além da do adiantamento pelo trabalho intelectual.[14]

A Terra é um mundo habitado por espíritos que precisam evoluir, e aqui se encontram males de todos os tipos. Mas nos mundos habitados pelos espíritos mais evoluídos é diferente:

> Reina lá a verdadeira fraternidade, porque não há egoísmo; a verdadeira igualdade, porque não há orgulho, e a verdadeira liberdade, por não haver desordens a reprimir, nem ambiciosos que procurem oprimir o fraco.[15]

A reencarnação é governada pela chamada lei de causa e efeito, que corresponde à ideia do carma do hinduísmo, bastante

14 Kardec, Allan. *O céu e o inferno*, p. 39.

15 Idem, ibidem.

modificada por Kardec, como já foi dito. Na vida de uma pessoa, nada acontece por acaso nem pela intervenção de entidades santas ou divinas – não há milagre, tampouco graça –, mas tudo é consequência da própria ação da pessoa, nesta vida e nas vidas passadas. O progresso espiritual do indivíduo e seu bem-estar material e espiritual dependem exclusivamente de seus méritos, acumulados nesta vida e nas anteriores. Suas más ações, por outro lado, resultam em atraso espiritual, em retrocesso. O carma é assim constituído como responsabilidade pessoal: cada ação do indivíduo é contabilizada na determinação da qualidade de sua própria vida futura. O sofrimento e a felicidade são consequências do comportamento de cada um.

Em suas diferentes vidas, o espírito pode habitar diferentes mundos – a Terra é apenas um deles –, ordenados segundo diferentes graus de desenvolvimento ou evolução espiritual. Kardec considera que toda reencarnação se dá no corpo humano e nunca no corpo de um animal, como pode ocorrer na concepção hinduísta. A Terra é um planeta de sofrimento, de purificação, onde a reencarnação permite a purgação dos saldos negativos na balança moral das ações humanas passadas. Não há salvação nem evolução coletivas; cada trajetória em direção ao aperfeiçoamento, ou retardo, é inteiramente individual.

Para Kardec, o mundo natural não se distingue do mundo sobrenatural, como ocorre, sobretudo, em crenças populares ligadas a outras religiões, e não há distinção entre religião e ciência. O espírito faz parte do corpo material tanto quanto as moléculas que formam os tecidos vivos do corpo. Por ignorância, a ciência tem deixado de lado os fenômenos do espírito, negando sua existência e relegando ao plano das crendices e superstições as experiências que revelam a sua presença na vida cotidiana, neste mundo. Cabe ao espiritismo, na condição de ciência avançada, superar essa falha no conhecimento humano. Essa ciência espírita não concorre com a ciência tradicional, mas a faz avançar, usando os mesmos métodos de observação, classificação e experimentação empírica. Nessa nova etapa do conhecimento científico que o espiritismo deve inaugurar, matéria e espírito se unificam em uma totalidade indissociável como objeto de investigação.

O desenvolvimento da filosofia espírita, por sua vez, deve permitir o aclaramento conceitual na apreensão intelectual do mundo, ajudando no desenvolvimento teórico e na formação da argumentação que deve presidir o debate em benefício da verdade.

Em sua concepção ao mesmo tempo científica e religiosa da existência, Kardec cuida de situar o lugar da humanidade, dos espíritos e de Deus, definindo princípios importantes da futura religião.

Deus está distante dos homens e é inalcançável. Mais próximos estão os espíritos de luz, guias que podem ajudar os vivos em sua ação na Terra, em sua caminhada de aperfeiçoamento espiritual. O trabalho desinteressado desses guias espirituais se faz por amor.

De todos os encarnados que já pisaram no chão desta Terra, Jesus Cristo foi o mais iluminado e o mais evoluído espiritualmente. Sua vida na Terra é o maior exemplo de amor e caridade com que a humanidade pode contar, e seu Evangelho, comentado à luz do espiritismo, é a fonte de orientação moral em que todo ser humano deve se espelhar. Para Kardec, as pala-

Ilustração dos anos 1870 representa a materialização de um espírito, por meio do ectoplasma, diante de membros do Instituto Metapsíquico de Paris.

vras e os ensinamentos de Jesus foram em parte mal compreendidos, cabendo ao espiritismo reinterpretá-los. Em *O Evangelho segundo o espiritismo*, ele diz:

> O espiritismo é a ciência nova que vem revelar aos homens, por meio de provas irrecusáveis, a existência e a natureza do mundo espiritual e as suas relações com o mundo corpóreo. Ele no-lo mostra, não mais como coisa sobrenatural, porém, ao contrário, como uma das forças vivas e sem cessar atuantes da natureza, como a fonte de uma imensidade de fenômenos até hoje incompreendidos e, por isso, relegados para o domínio do fantástico e do maravilhoso. É a essas relações que o Cristo alude em muitas circunstâncias e daí vem

que muito do que ele disse permaneceu ininteligível ou falsamente interpretado. O espiritismo é a chave com o auxílio da qual tudo se explica de modo fácil.[16]

A maior de todas as virtudes, talvez a única, é a da caridade. Sem ela não há salvação – esse é o lema principal do kardecismo. A caridade se aplica tanto aos encarnados quanto aos desencarnados. Sua prática – que é a ajuda desinteressada a quem precisa de qualquer apoio material, social ou espiritual – determina o estágio em que se encontra cada ser humano vivo ou desencarnado. Somente com a prática da caridade se pode evoluir espiritualmente e assim renascer depois para uma vida melhor, com menos sofrimento.

Esses ensinamentos já estão na obra de Allan Kardec, mas a ênfase dada a cada um deles dependeu da forma como o espiritismo veio a se constituir no Brasil como instituição. O kardecismo aqui se transformou em religião, deixando em segundo plano a proposta original de ser também ciência e filosofia, embora alguma coisa ainda conserve dessas vertentes. Isso não se deu, entretanto, do dia para a noite, e diferentes líderes espíritas, grupos e instituições formados a partir dos ensinamentos de Allan Kardec se debateram duramente, durante décadas, em busca de uma definição do kardecismo à moda brasileira.

16 Kardec, Allan. *O Evangelho segundo o espiritismo*, p. 64.

O kardecismo no Brasil, o começo e a forma

Na segunda metade do século XIX, à época da formação do espiritismo kardecista, a França era o país que mais servia ao Brasil como referência cultural, artística, filosófica e científica. As poucas livrarias brasileiras vendiam, sobretudo, livros publicados na França, e até obras escritas por brasileiros eram editadas naquele país. As novidades chegavam a bordo dos navios vindos da Europa. Não demorou para que aqui aparecesse *O livro dos espíritos*. E, depois, as demais obras do codificador, ansiosamente esperadas.

O sucesso das ideias de Kardec foi imediato. A sua grande difusão no Brasil foi uma das coisas que chamaram a atenção de Paulo Barreto, importante cronista carioca, que assinava como João do Rio, em uma série de reportagens que publicou sobre religiões praticadas na então capital federal, reunidas no livro *As religiões do Rio*, impresso em Paris, em 1904, pela Garnier. A obra é um repositório de preconceito e intolerância contra as crenças que surgiam em um Brasil em que o catolicismo reinava como religião oficial e era a única tolerada. Apesar disso, o acurado senso jornalístico de observação de João do Rio produziu um dos mais importantes documentos etnográficos da época sobre o crescente pluralismo religioso no país. Chegado ao Brasil havia cerca de quatro décadas, o kardecismo já marcava presença no Rio de Janeiro.[17]

João do Rio usou como recurso de reportagem os comentários de um amigo que o guiava pela cidade na visita aos templos, igrejas e outros locais de reunião de religiosos. Diz o amigo:

> *Nunca* se viu uma crença que com tal rapidez assombrasse crentes. Se o *Figaro* dava para Paris 100 mil espíritas, o Rio deve ter quase igual soma de fiéis. O Brasil, pela junção de uma raça de sonhadores como os portugueses com a fantasia dos negros e o pavor indiano do invisível, está fatalmente à beira dos abismos de onde se entrevê o além. A Federação [Espírita Brasileira] publicou uma estatística de jornais espíritas no mundo inteiro. Pois bem: existem no mundo 96 jornais e revistas, sendo que 56 em toda a Europa, e 19 só no Brasil.[18]

João do Rio, depois de citar uma lista de homens ilustres da sociedade do Rio de Janeiro atraídos pelo espiritismo, comenta:

> Já não se conta o número de espíritos ortodoxos, conta-se a atração dos nossos cérebros mais lúcidos pela ciência da revelação. A Marinha, o Exército, a advocacia, a medicina, o professorado, o grande mundo, a imprensa, o comércio têm milhares de espíritas [...]. A Federação tem oitocentos sócios e ainda o ano passado expediu 48 mil receitas.

17 Ver Rio, João do. *As religiões do Rio.*

18 Idem, ibidem, pp. 215-6.

Os que não praticam a moral aceitam a parte fenomenal. É ao chegar a essa esfera que se começa a temer a frase do católico: "O espiritismo é um abismo encantador; foge ou de lá nunca mais sairás". Se na sociedade baixa centenas de traficantes enganam a credulidade com uma inconsciente mistura de feitiçaria e catolicismo, entre a gente educada há um número talvez maior de salas onde estudam o fenômeno psíquico e a adivinhação do futuro, com correspondência para Londres e um ar superiormente convencido.

Decerto, em parte, a frivolidade que faz senhoras elegantes citarem poetas franceses e conversarem de ocultismo [...] faz de algumas dessas sessões um divertimento idêntico à lanterna mágica [...]; decerto há entre os mais convictos Bouvard, Pécuchet e mesmo o conselheiro Acácio; mas frívolos e tolos foram sempre os meios inconscientes de expansão de uma crença, e o espiritismo científico deles se serve para triunfar.

Nas rodas mais elegantes [...], lavra o desespero das comunicações espíritas, como em Paris o automobilismo. Ainda há alguns meses senhores do tom, ao voltarem do Lírico, encasacados e de gardênia ao peito, comunicavam-se no Hotel dos Estrangeiros com as almas do outro mundo, por intermédio de uma cantora, médium ultra-assombrosa. À tarde, na Colombo, esses senhores combinavam a *partie de plaisir,* e à noite nos corredores do Lírico, enquanto o Caruso rouxinoleava corpulentamente para encanto das almas sentimentais, eles prelibavam as revelações sonambúlicas da médium musical.

Esses fatos são raros, porém, e as experiências assombrosas multiplicam-se; os médiuns curam criaturas a morrer. Leôncio de Albuquerque, que tratava caridosamente a Saúde em peso, anuncia, sem tocar no doente, o primeiro caso de peste bubônica, e cada vez mais aumenta o número de crentes.[19]

O espiritismo kardecista chegou ao Brasil inicialmente pela porta da Bahia. Consta que na noite de 17 de setembro de 1865 se realizou em Salvador a primeira sessão espírita no Brasil em moldes kardecistas, sob a direção de Luís Olímpio Teles de Menezes. O Grupo Familiar do Espiritismo, fundado a partir daí, é reconhecido como o primeiro centro espírita e também o responsável pelo primeiro periódico voltado para a divulgação da nova doutrina, *O eco de além-túmulo*. Na primeira sessão, Teles de Menezes escreveu em estado mediúnico um texto que teria sido ditado por um espírito que se autodenominou, emblematicamente, Anjo Brasil.

O grupo e suas iniciativas duraram pouco, mas anteciparam muito do que, por bastante tempo, viria a acontecer por todo o país. Logo de início, o espiritismo sofreu duro ataque da Igreja Católica. Esse movimento nascente, porém, não pretendia ser uma religião. Os primeiros espíritas estavam mais interessados no desenvolvimento de um espiritismo kardecista científico, que fosse capaz de explicar à luz da nova doutrina diferentes eventos supostamente provocados por manifestações de espíritos. Desde aqueles menores, conhecidos popularmente como casos de assombração, como ruídos estranhos, aparições fantasmagóricas e objetos movendo-se sem qualquer explicação aparente, até os processos naturais que definem

19 Idem, ibidem, pp. 214-5.

e determinam a vida e a morte. Todos esses fenômenos, se investigados, em vez de serem desprezados, permitiriam que chegássemos às verdadeiras leis científicas de constituição e funcionamento do universo. Seria tarefa do espiritismo desvendar as leis gerais que regem o mundo. Esses pioneiros eram kardecistas, desejavam ser cientistas e filósofos, e continuavam católicos – como grande parte deles ainda se define nos dias de hoje, quando o espiritismo já deixou de lado a pretensão científica inicial, assumindo-se sobretudo como religião.

Foi no Rio de Janeiro que o espiritismo se constituiu definitivamente como religião, experimentando antes, sem sucesso, o caminho que deveria levá-lo, como pretendiam seus cultores, a ser reconhecido como ciência. Qualquer que tenha sido o rumo trilhado, as iniciativas se deram com o dispêndio de muito esforço intelectual e custosa iniciativa institucional, com acirradas disputas internas, além de conflitos e combates com os não espíritas.

O primeiro movimento organizado do espiritismo no Rio de Janeiro começou em 1873, com a fundação da Sociedade de Estudos Espíritas, do Grupo Confúcio, sob a orientação do espírito Ismael. Seus objetivos: traduzir os livros de Allan Kardec, divulgar a doutrina, propagar a medicina homeopática, tendo como divisa o princípio kardecista de que sem caridade não há salvação. O grupo exerceu grande atividade intelectual, editou em português *O livro dos espíritos* e demais obras de Kardec e atendeu a uma clientela em expansão, que buscava no espiritismo a cura para males do corpo, da alma e da vida cotidiana.

Com as iniciativas do Grupo Confúcio, firma-se a prática de um espiritismo institucionalizado, que pouco mudaria desde então. Os espíritas aplicam como terapêutica os passes, transmitindo pela imposição das mãos as boas energias dos espíritos de luz, espíritos que ao longo de muitas reencarnações viveram praticando a caridade. Também receitam medicação, sobretudo homeopática. O trabalho sempre é atribuído a um espírito, o guia; o médium é o mero aparelho material de comunicação desse guia. São oferecidas também sessões regulares de estudo a que um bom espírita não pode se furtar.

No desenho da nova religião, vão sendo definidas as linhas básicas: curar, estudar, praticar a caridade e, sobretudo, trazer consolo e conforto espiritual aos que sofrem com a morte de entes queridos, os quais se manifestam e se comunicam com suas famílias principalmente por meio de mensagens escritas, psicografadas. O atendimento de uma clientela para a qual o envolvimento com o espiritismo pode significar apenas um serviço de ajuda religiosa e não uma adesão ou conversão à religião é um aspecto importante do kardecismo que também se observa nas religiões afro-brasileiras.

O trabalho espiritual também conforta a família do morto, quando é ensinado que ela pode e deve ajudar na caminhada da alma do ente querido em direção à luz, por meio da prece, da pregação do Evangelho e dando ao desencarnado aquilo que é tão caro ao espiritismo: o cuidado da caridade. Esta se aplica tanto aos vivos quanto aos mortos, uns ajudando os outros. Nas sessões, os espíritos de luz, isto é, espíritos evoluídos, ajudam os vivos com cura e orientação, enquanto os vivos, que assumem ali o papel de doutrinadores, ajudam os desencarnados sofredores a enxergar o caminho do desenvolvimento espiritual, pregando aos mortos o que se prega aos vivos.

Em 1884, foi fundada no Rio de Janeiro a Federação Espírita Brasileira (FEB), com o objetivo de agregar todos os espíritas, então reunidos em diferentes grupos, e ditar as bases da conduta religiosa dos seguidores de Allan Kardec. Já se dispunha de organização, orientação e meios para a prática religiosa, além de veículos impressos de estudo e propaganda. Depois, dissidentes do grupo original iniciaram outras associações espíritas, e novas publicações periódicas surgiram tanto no Rio como em outros lugares. O espiritismo rapidamente prosperou.

O médico e político Adolfo Bezerra de Menezes (1831-1900), radicado no Rio de Janeiro, foi a principal figura surgida do grupo ligado à FEB e certamente o mais influente líder espírita brasileiro do século XIX. Cearense de família católica tradicional, ele desenvolveu uma fértil carreira de escritor e divulgador espírita. Seus escritos tiveram início com uma longa carta, depois publicada em livro, em resposta a seu irmão, que tentava convencê-lo, por meio de argumentação teológica, a abandonar o espiritismo.[20]

Bezerra de Menezes, como dirigente espírita, adotou, nos estudos sistemáticos do espiritismo, a obra de outro francês, Jean-Baptiste Roustaing (1805-1879), que desenvolveu e ampliou

20 Ver Giumbelli, Emerson. *O cuidado dos mortos: uma história da condenação e legitimação do espiritismo.*

a concepção original de Kardec, que via o espiritismo como a terceira revelação. A primeira revelação seria a lei dada por Deus a Moisés e estaria contida, com todos os seus desdobramentos, no Antigo Testamento; a segunda teria sido feita por Jesus Cristo, expressa no Novo Testamento; a terceira vinha com Kardec. Essa perspectiva inseria o espiritismo na corrente principal da tradição religiosa do Ocidente, na frente de todos os credos, ocupando o posto mais avançado do cristianismo.[21]

Essa obra monumental da palavra, que traduz as leis divinas e constrói para a humanidade os modelos de conduta moral propiciadores do crescimento e do progresso de todos na trajetória do conhecimento e da verdade, seria o resultado não da ação de homens atuando como simples mortais, mas sim de espíritos mais evoluídos que trabalhariam na construção moral do universo.

Os viventes são apenas a ferramenta usada pelos espíritos em sua escritura sagrada, nas três revelações. O verdadeiro conhecimento vem sempre dos espíritos evoluídos. Os habitantes da Terra ainda estão em uma etapa de vida inferior, e é essa a razão da nossa ignorância, que é fonte de todo nosso sofrimento. Desde logo, acreditou-se que os espíritos de maior luz, mais evoluídos, eram os dos mortos que em vida foram sábios ilustres, humanistas e profissionais de formação universitária, competentes em suas ocupações, todos eles virtuosos: os que teriam melhores condições, portanto, de intervir neste mundo para a prática da cura e da doutrinação caridosas.

21 Ver Arribas, Célia da Graça, op. cit.

Retrato a óleo de Bezerra de Menezes feito por Augusto Rodrigues Duarte; pertence à Câmara Municipal do Rio de Janeiro, que o espírita chegou a presidir.

Ana Rosa e Larissa Vereza em cena do filme *Bezerra de Menezes*.

Na presidência da Federação Espírita Brasileira, Bezerra de Menezes, que nunca deixou de atuar como médico, agora tendo o kardecismo como bandeira, imprimiu definitivamente ao espiritismo a marca de uma religião cristã avançada. Como tal, ela estava preparada para ganhar o Brasil.

Logo de início, em toda parte, a concepção de uma religião dessacralizada pela ideia de ciência atraiu intelectuais brasileiros que eram anticlericais, mas continuavam cristãos. Médicos, advogados, juristas, jornalistas e militares se interessaram pelo kardecismo, muitos deles levados pela curiosidade científica e motivados por certo sentimento de oposição à autoridade da Igreja Católica, que naquele tempo mantinha de algum modo o controle da moralidade pública, interferindo no cotidiano das pessoas e até na política partidária, influindo no poder público local, sobretudo em cidades menores do interior.[22]

Uma classe média urbana bem escolarizada, que experimentava os mecanismos de mobilidade social, contribuiu para a formação dos primeiros contingentes de espíritas. O fato de muitos dos líderes terem se afastado intencionalmente do catolicismo como igreja, essa instituição colada no *status quo*, reforçou, por algum tempo, a aspiração de vários seguidores de Allan Kardec por manter o espiritismo livre de um comprometimento de natureza religiosa.

Preferível era ser espírita convicto e militante e ainda assim continuar católico, conquanto longe do padre, sem precisar vestir a camisa de força de uma nova religião. Grupos, associações e federações que pretendiam unificar e disciplinar o espiritismo logo se multiplicaram, parte deles criada por dissidentes das correntes mais estabelecidas. Em 1900, já existiam federações espíritas em quase todos os Estados brasileiros.

22 Ver Camargo, Candido Procopio Ferreira de. *Aspectos sociológicos del espiritismo en São Paulo.*

Kardecismo, uma religião brasileira

O trabalho espiritual prosperou no Brasil com a formação de pequenos grupos domésticos e a fundação de centros espíritas. A cura atraiu oriundos de todos os estratos sociais, e o espiritismo foi deixando de ser uma novidade. Por toda parte se espalhou uma rede de filantropia mantida por espíritas norteados pelo imperativo de praticar a caridade, ajudar os desvalidos, os que precisavam, sem nunca esperar nada em troca.

Em uma época em que o Estado pouco se ocupava do amparo aos doentes e aos pobres, aos órfãos, aos velhos, aos quais não oferecia escola, saúde ou previdência social, a religião era a instituição mais dedicada ao cuidado que o poder público não dava. Basta lembrar que, somente após a Revolução de 1930, seriam instituídos os órgãos oficiais de aposentadoria e pensão dos trabalhadores. No começo do século XX, a escola pública não chegava à maioria da população. Hospitais e serviços de saúde públicos eram raros.

Cabia à caridade pública cuidar dos necessitados – uma prática histórica, como o demonstram as santas casas de misericórdia, mantidas por irmandades católicas, as primeiras instituições de saúde que os doentes brasileiros conheceram. A caridade –

propõe o espiritismo desde seu começo – deve ser praticada nas relações e nos contatos pessoais, uns ajudando os outros, sejam vivos, sejam mortos, mas também por meio de organizações de alcance coletivo.

Mantidas por sociedades espíritas, foram surgindo centenas de escolas, hospitais, manicômios e asilos de órfãos e idosos. E também bibliotecas públicas, porque o bom espírita deve ser, antes de tudo, um estudioso. A tudo isso deveriam ser ainda somados os serviços de atendimento dos próprios centros espíritas e seus guias, que receitavam e curavam através dos médiuns.

Enquanto a nova crença se institucionalizava, católicos acusavam os espíritas de esconder uma falsa religião atrás de uma falsa ciência. Grupos de estudos kardecistas promoviam experiências públicas em que se podia observar a materialização de espíritos e outros fenômenos explicados pelas leis da ciência espírita, ao passo que seus opositores, sobretudo católicos, leigos ou do clero, tratavam de desmascarar o que chamavam de a "farsa kardecista", tentando provar que tudo não passava de armação fraudulenta e de truques que os mágicos conheciam e usavam havia séculos. A imprensa se envolvia, e reportagens bombásticas eram publicadas, a favor e contra tais demonstrações.

Até os anos 1950, o fenômeno da materialização de espíritos era comumente apresentado em sessões bastante concorridas. Buscava-se fotografar e filmar o chamado "ectoplasma", e os resultados eram mostrados nos jornais, revistas e televisão. Segundo a doutrina espírita, o ectoplasma é uma substância fluídica, esbranquiçada, de aparência diáfana, sutil, expelida pelo corpo de um médium através da boca, dos ouvidos e narinas, produzindo manchas e formas materializadas do espírito. Também se promoviam reuniões para se falar dos fenômenos mediúnicos como objeto da curiosidade meramente científica. Sessões como essas chegavam a ser um acontecimento social, verdadeiras tertúlias lítero-científico-musicais frequentadas por gente elegante da elite de uma cidade.

Uma reportagem da colunista Helen, da *Folha da Manhã* – um dos jornais que dariam origem à *Folha de S.Paulo* – narra um desses encontros, promovido em uma noite de 1946, em São Paulo, por um médico que se dispôs a falar das experiências à repórter e a seus convidados. Diz um trecho da matéria, publicada em 15 de janeiro daquele ano:

> Os meios médicos de S. Paulo interessaram-se muito pelas pesquisas que o dr. Osório César andou fazendo nos domínios do supranormal. As pesquisas, entretanto, repercutiram fora do ambiente médico. Sabia-se que o distinto anatomopatologista do Hospital do Juqueri reunia em seu apartamento da avenida S. João, uma vez por semana, amigos estudiosos dos fenômenos mediúnicos. Sabia-se que um distinto médium paranaense proporcionara ao círculo interessantíssimos casos de incorporação. O dr. Osório fez diversas comunicações à Associação de Medicina e proferiu conferências.
>
> Existe uma grande curiosidade em torno das conclusões a que teria chegado o médico psiquiatra. Os espíritas discutem as apresentações feitas por Osório César como manifestações insofismáveis de um outro mundo; os materialistas veem nelas apoios às suas teorias. Para elucidar uns e outros, resolvemos procurar o dr. Osório César. Isso foi precisamente na quinta-feira e, uma vez no pequeno

apartamento daquele 7º andar, vimos que não escolhêramos a ocasião com bastante tato. Devíamos saber, as noites de quinta-feira eram eleitas pelos amigos do conhecido médico e crítico de arte para palestras, trocas de ideias, audições musicais. As duas pequenas salas regurgitavam nessas noites de artistas plásticos, críticos, escritores. Mesmo assim, fomos recebidos, dissemos a que vínhamos e Osório César começou a falar, enquanto outro Osório César criado por Carlos Prado nos fitava enfaticamente da parede.

— Antes de mais nada, quero que saibam que não foi o espírito ortodoxo quem me fez assistir a essas sessões mediúnicas. Fui e continuo materialista. O que vi, mesmo o que ainda a ciência de hoje não pode explicar, não me convence da existência de um outro mundo: os fenômenos inexplicáveis são profundamente materiais. A questão do ectoplasma, por exemplo. É sabido que essa é uma substância que sai do corpo do médium e adquire forma, ou não adquire forma, fazendo apenas manchas nebulosas. Constata-se que os médiuns, nessas ocasiões, perdem peso, transpiram extraordinariamente e, durante o transe, ficam com um fio de pulso... Como veem, o ectoplasma deve ser considerado como coisa fisiológica. Também não sou negativista. A ciência poderá levar-nos amanhã para a conclusão de que existe uma outra vida. Em todo caso, acredito que seja uma vida toda material, que venhamos travar conhecimento com habitantes da quarta dimensão [...].

— Em meu livro *Misticismo e loucura*, tratei de baixo espiritismo, dei-o como manifestação de pura histeria. Tempos depois da publicação desse livro, fui procurado por um senhor paranaense que me disse: "O senhor não assistiu nunca a uma honesta sessão espírita, sem fraudes, com fenômenos supranormais. Desejo proporcionar-

-lhe a ocasião de assistir a uma". Foi aí que me apaixonei por essas pesquisas. Se existem histéricos, fraudes etc., engabelando o povo, existem fenômenos insofismáveis que a ciência ainda não explica hoje, poderá explicar amanhã [...].

Quando saímos do apartamento de Osório César àquela hora da noite, parecia-nos que ectoplasmas cirandavam à nossa volta...[23]

Aos poucos, demonstrações desse tipo foram perdendo o interesse. O espiritismo já estava bastante difundido pelo país e tinha alcançado reconhecimento e legitimidade sociais significativos, sobretudo em decorrência de sua filantropia e da presença de gente de prestígio em suas fileiras. Sua ciência, no entanto, era fraca, nem de longe competindo com a ciência oficial. Sua filosofia não passava de argumentação doutrinária. A religião, contudo, crescia, ganhava forma e fama.

Surgiu, então, Francisco Cândido Xavier (1910-2002), conhecido como Chico Xavier, que se tornou o maior líder espírita do século XX. Logo no início de sua longa carreira, assumiu posição que reforçou muito o aspecto religioso do espiritismo, deixando de lado a preocupação científica, experimental. O "grande mediador", como ele foi chamado,[24] dizia que aquele que acreditava não precisava provar nada, que a ciência fosse deixada com a ciência; que ao espiritismo o que de fato interessava era a salvação pela caridade. Trabalhar a favor do

23 *Folha da Manhã*, 15/1/1946, p. 8.

24 Ver Lewgoy, Bernardo. *Chico Xavier: o grande mediador.*

progresso espiritual de cada pessoa era a missão dos vivos e dos mortos, todos igualmente envolvidos na grande trama das reencarnações sucessivas.

Chico Xavier, desde suas primeiras manifestações mediúnicas, quando ainda era criança, foi uma espécie de grande escriba dos espíritos. Conta-se que sempre esteve acompanhado por seu guia espiritual, chamado Emmanuel, que o orientava em muitos momentos da vida. Psicografou milhares de cartas para famílias saudosas de seus mortos queridos. Mas também recebeu espíritos de vários mortos famosos, sobretudo escritores que, através dele, redigiam novos livros.

Questionado sobre a qualidade literária inferior dessas obras de além-túmulo, se comparadas às obras escritas em vida pelos autores, Chico Xavier argumentava que a perda de qualidade devia-se à imperfeição do aparelho, isto é, dele próprio e de outros médiuns, que em sua fraqueza humana não podiam oferecer ao autor da obra o meio adequado para sua manifestação plena.

Um médium é um aparelho e todas as suas partes são usadas na comunicação, inclusive o cérebro, como suporte material da inteligência. O defeito da máquina pode depreciar uma obra. Vale a mesma observação para os médiuns que pintam quadros conduzidos pelo espírito de grandes artistas plásticos. Por isso mesmo, um médium deveria levar uma vida reta, orientada para o bem, para o amor ao próximo, pois somente melhorando a si mesmo ele poderia se oferecer aos espíritos como um meio de expressão mais aprimorado.

Nos livros psicografados, é o nome do espírito que consta como autor; o nome do médium aparece como agente da

Chico Xavier, o maior líder espírita do século XX, em foto de 1986; ele psicografou mais de quatrocentos livros, que venderam cerca de 40 milhões de exemplares.

psicografia. Olavo Bilac, Castro Alves, Augusto dos Anjos e Humberto de Campos foram alguns dos escritores psicografados por Chico Xavier.

A prática da psicografia tem sido corrente desde os velhos tempos do espiritismo, e há décadas livros de autores-médiuns estão sempre entre os mais vendidos no Brasil. O uso do nome de escritores famosos na literatura espírita psicografada originou, evidentemente, processos judiciais de descendentes dos autores desencarnados, interessados nos direitos autorais. Chico Xavier não perdeu nenhuma das causas movidas por familiares, porque nunca recebeu um tostão sequer pela vastíssima obra saída de sua mão de médium. Psicografou mais de quatrocentos livros, que durante sua vida venderam cerca de 40 milhões de exemplares e foram traduzidos em 33 idiomas. Trinta deles foram editados em braille. Psicografou ainda milhares de mensagens e cartas. Sempre negou a autoria própria e doou os direitos autorais a instituições filantrópicas. O trabalho com os espíritos se faz por amor, ele dizia, e o trabalho com amor já é uma recompensa em si mesma.

Do mesmo modo, deve-se encarar tudo que se faz para o benefício alheio. A receita de Chico Xavier para uma vida boa e feliz, merecedora do progresso espiritual que está ao alcance de todos, é viver com simplicidade, colocando em primeiro lugar o amor e, depois, a disciplina, a disciplina e a disciplina, construindo o dia a dia com muito trabalho e sempre com a caridade. Repetiu essa ideia muitas vezes, especialmente em entrevistas na televisão.

Boa parte da literatura psicografada é usada como meio de divulgar a doutrina espírita, esclarecer aspectos menos conhecidos pelo público leitor e desenvolver ou atualizar certos temas da religião. Essa preocupação está presente, por exemplo, na coleção "A vida no mundo espiritual", formada por treze livros, além de outros três títulos fora da coleção, atribuídos ao espírito André Luiz, um médico que teria vivido no Rio de Janeiro, morto por volta de 1930, e psicografados por Chico Xavier, que contou em alguns dos títulos com a colaboração de outro médium. Na introdução de um deles, *Nosso lar*, que inspirou um filme de grande sucesso, André Luiz dita as seguintes palavras:

> Seria extremamente infantil a crença de que o simples "baixar do pano" resolvesse transcendentes questões do infinito.
>
> Uma existência é um ato.
>
> Um corpo – uma veste.
>
> Um século – um dia.
>
> Um serviço – uma experiência.
>
> Um triunfo – uma aquisição.
>
> Uma morte – um sopro renovador.
>
> Quantas existências, quantos corpos, quantos séculos, quantos serviços, quantos triunfos, quantas mortes necessitamos ainda?[25]

Francisco Cândido Xavier não foi apenas um escriba. O Grupo Espírita da Prece, em Uberaba, onde ele trabalhou nas últimas décadas de sua vida, fornecia semanalmente refeições gratuitas e cestas básicas a centenas de necessitados. Como os demais centros espíritas espalhados pelo país, funcionava, e ainda funciona, como uma espécie de agência redistribuidora

25 Xavier, Francisco Cândido. *Nosso lar*, p. 4.

de doações anônimas destinadas à filantropia, provenientes de indivíduos, empresas e organizações.

Chico Xavier tinha dois defeitos assumidos: cobria a calvície com uma peruca ou um boné, o que o impedia de disfarçar sua vaidade, e alimentava grande curiosidade sobre sua própria morte. Conta-se que o médium, após inquirir insistentemente seu guia Emmanuel sobre quando, afinal, desencarnaria, ouviu dele, como resposta, que não se preocupasse, pois o dia de sua morte seria também um dia de grande felicidade para o povo brasileiro. Chico Xavier morreu em 30 de junho de 2002, às sete e meia da noite, quando os brasileiros comemoravam a conquista do pentacampeonato mundial de futebol.

O centro de Chico Xavier foi por muitas décadas um local de peregrinação de espíritas e não espíritas. Ali, ele psicografou cartas que, a pedido ou por iniciativa própria, mortos escreviam a seus parentes desconsolados, que o médium atendia pessoalmente. Mas não era preciso ir à cidade mineira para conhecê-lo: sua mensagem e orientação já haviam se espalhado por todo o Brasil e mesmo fora do país.

Centenas dessas cartas foram publicadas em livros e periódicos. Nelas, os espíritos tratam de sua existência na Terra e descrevem como é a vida em outros mundos pelos quais passaram. Falam do conforto que encontraram no conhecimento adquirido pela reencarnação e no reencontro com parentes desencarnados. Contam da necessidade de reaprender a viver em outro mundo e das transformações por que passaram. Apesar da saudade dos que deixaram na Terra, consolam os que aqui ficaram com a promessa de um futuro reencontro, em algum dos mundos espirituais. O espírito pode enviar muitas cartas, mantendo longo contato com a família. As cartas servem ao mesmo tempo de consolo e de orientação doutrinária.

A carta transcrita a seguir é de uma menina de nove anos que residia em Goiânia e faleceu em agosto de 1977. Psicografada por Chico Xavier, foi dirigida a sua avó Julieta, única familiar presente à reunião pública do Grupo Espírita da Prece na noite de 17 de janeiro de 1981. A mensagem diz:

> Querida vovó Julieta, abençoe-me.
>
> A vovó Mariquinha me trouxe até aqui para contar-lhe que estou bem. A saúde voltou. Aqui me mudaram todo o sangue – não sei se você pode compreender isso –, mas é assim mesmo. Dizem que a leucemia é um empobrecimento curável aqui, com a substituição do sangue que é nosso. Como é isso, eu não sei dizer, como aí em nossa casa eu nunca soube explicar o que era meu sangue e por que deveria tê-lo em minhas veias.
>
> O assunto melhor é saber que já posso movimentar-me, e saiba também que cresci. Isso aconteceu na medida de meu desejo interno de me fazer *pessoa grande*, a fim de auxiliar a mãezinha Sônia.
>
> A senhora ficou sabendo que esperei por meu pai, e isso é verdade. Mas a senhora precisa informar-se de que a vovó Mariquinha me preparou de maneira que ele não me identificasse. Coitado do papai! Estava muito abatido e muito aflito, e creio que me agradeceu o abraço, desconhecendo que o recebia de sua própria filha.
>
> Vovó Mariquinha ponderou que não deveríamos humilhá-lo, pois a senhora sabe que entre ele e mim havia ressentimentos que estou procurando liquidar.

A gente não se modifica de vez, mas bem que isso seria ótimo, se fosse possível. Tenho aprendido aqui, porém, que as leis de Deus não garantem violência para ninguém.

Tudo o que temos de bem e de mal é coisa nossa e, com o tempo, a criatura observa que é muito mais válido para a felicidade criar o bem com esquecimento do mal.

E eu estou nesta escola.

Diga à mãezinha Sônia que venho me aproximando do Max e da irmãzinha para auxiliá-los. Pelo menos, esse é o meu propósito, e porque ainda não sei discernir o que seja mais aconselhável do que seja menos, peço a Deus que me inspire a fim de que eu seja uma boa irmã para os dois.

Querida vovó Julieta, muito grata me sinto por suas lembranças e referências; no entanto, creia que continuo precisando de suas orações e de suas palavras de reconforto, de modo a sustentar-me no melhor a ser e a fazer.

A vovó Benedita está conosco. Somos quatro — você, a vovó Mariquinha, a vovó Benedita e eu. Estou satisfeita por incluir-me no grupo, porque preciso envelhecer em compreensão da vida.

Querida vovó Julieta, com os meus pensamentos em nossa querida mãezinha Sônia, peço-lhe receber todo o amor de sua neta que não é mais a sua criança e sim sua companheira de trabalho e renovação.

Muitos beijos da sua

Sandra Regina Muniz.[26]

26 Xavier, Francisco Cândido. *Estamos no além*, pp. 51-2.

Chico Xavier dizia-se católico antes de tudo e acreditava que o espiritismo significava um avanço em sua religiosidade. Em uma de suas várias entrevistas à mídia, afirmou que a Igreja Católica era a mãe de nossa civilização e, por isso, não poderia ser simplesmente rejeitada e esquecida. Para ele, o espiritismo era como uma nova vida, uma página em branco que não apagava o que passou, o que foi feito, mas trazia a experiência do já vivido, um recomeço que não refazia o que foi começado, mas podia refazer o final.

O que seria um espírita, um médium, e no que consistiria o papel religioso de uma pessoa como ele? – perguntaram-lhe em uma entrevista. E Chico respondeu que ele era como um carteiro: escrevia cartas, tantas, e as entregava.

Nessas cartas dirigidas àqueles que choram a morte de um parente, o espírito do morto geralmente conta que está bem, em paz, manda consolo aos familiares e pede que não chorem, porque o sofrimento deles faz com que atrase sua caminhada rumo à luz. No caso de morte violenta, o espírito pode inocentar os que supostamente a provocaram e os perdoar, como também deve fazer sua família. O desencarnado trata a todos com carinho. Encoraja, conclama os entes queridos a atitudes e comportamento religiosos. Não raro se refere a algum segredo familiar, supostamente desconhecido pelo médium. Prega união, paz e aceitação diante dos golpes doloridos da vida. A missiva do morto é um alento para os familiares amados, uma lição de esperança, consolação e caridade.

As conversas com os mortos ocorrem nas chamadas sessões espíritas, realizadas nos centros ou em família. Nas sessões, os

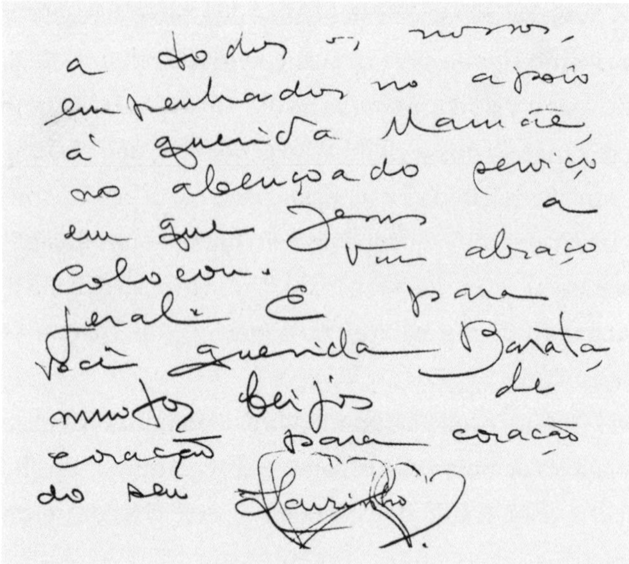
a todos os nossos, empenhados no apoio à querida Mamãe, no abençoado serviço em que Jesus a colocou. Um abraço geral. E para você querida Barata, muitos beijos de coração para coração do seu Laurinho.

Página final de uma carta psicografada por Chico Xavier em 19/8/1978, com mensagem do espírito de Laurinho.

médiuns representam o meio de comunicação do espírito, que se manifesta pela fala ou pela escrita. Há certa especialização na tarefa: nem todo médium psicografa, como há os que somente servem ao desencarnado como um canal de voz. Outro papel importante é o do doutrinador, que não entra em transe, não tem mediunidade desenvolvida, mas que conversa com os espíritos manifestados, dirige a sessão, reza, lê os textos e intermedeia a relação dos espíritos com as pessoas presentes, que trazem dúvidas e questões a serem resolvidas.

Em geral, os médiuns e doutrinadores sentam-se em torno de uma mesa. Os que vêm se consultar ou simplesmente participar como ouvintes, sejam espíritas ou não, ficam na plateia. No começo, reza-se, faz-se a leitura de trechos do *Evangelho segundo o espiritismo*, de Kardec, ou outro livro, e pede-se aos espíritos presentes que se manifestem. Quando um dos médiuns dá mostras de se encontrar em transe, um dirigente da sessão inicia o diálogo.

Pode apresentar-se um espírito de luz, com mensagens de conforto, de orientação espiritual e de paz. É comum cada grupo ter seu guia, que trata os presentes com intimidade e amizade. Também pode apresentar-se um espírito sofredor, às vezes em um transe violento, mais condizente com sua condição de menor desenvolvimento, de atraso espiritual. Esse espírito é agressivo, mal-educado e até zombeteiro. Nesse caso, os papéis, então, se invertem, e é a vez de o vivo orientar o desencarnado. O doutrinador aconselha o espírito sofredor, tenta acalmá-lo e lhe mostrar o caminho do progresso espiritual para que ele, a partir de suas ações, possa pôr fim a seu sofrimento.

Ele sofre por causa de sua ignorância, porque desconhece ou não aceita os valores e modos de conduta cristãos. No espiritismo, não existe o dom da graça divina, que pode absolver os humanos, salvá-los. Tudo aquilo por que passamos, vivos ou mortos, é resultado de nossas próprias ações. Mas podemos aprender uns com os outros, podemos ser ensinados. Ensine-me a viver, a viver como cristão verdadeiro: é esse o mote dessa prática religiosa.

Se a comunicação se dá por meio da escrita, as mensagens registradas nas folhas de papel são lidas em voz alta, para o conhecimento de todos os presentes, a não ser que se trate de mensagem com um destinatário particular, quando se resguarda o sigilo.

Silêncios prolongados, luz tênue, às vezes um fundo musical, emoções contidas, tudo isso cria a atmosfera apropriada para o contato com os guias. Choro, riso e espanto pontuam o reconhecimento do desencarnado por eventuais familiares ou amigos que lá estejam. Ao final, os espíritos já se foram, ninguém mais se manifesta, e a sessão é encerrada com alguma prece, como o Pai-Nosso.

Em outros dias da semana, que não os das sessões, os centros espíritas ministram cursos de formação de médiuns e oferecem aulas e seminários de estudo da doutrina. Lê-se muito.

Durante a sessão, espíritos de luz podem dar "passes", uma espécie de transferência de energias boas, através de médiuns que passam as mãos levemente sobre a cabeça, os ombros e os braços dos presentes. Acredita-se que os bons fluidos assim transmitidos podem facilitar a solução de problemas físicos, psíquicos ou morais. Essa energia pode também ser acumulada na água de copos colocados sobre a mesa. Bebê-la deve produzir o mesmo efeito, e não é incomum que alguém presente à sessão leve para casa a água que recebeu os bons fluidos dos guias para ser tomada por algum doente incapaz de comparecer pessoalmente. O passe pode ser ministrado fora da sessão, especialmente quando os centros e as federações mantêm horários específicos para a consulta de qualquer necessitado que tenha interesse em receber ajuda dos espíritos. O passe pode ser ainda levado à casa de um enfermo por um médium.

As sessões espíritas variam bastante de um centro para outro, podendo-se observar aqui e ali muitos elementos emprestados de outras religiões. Completa a atividade dos centros a parte assistencial, constitutiva do próprio kardecismo e elemento importante de ligação da religião com a sociedade. A prática religiosa individual também é largamente difundida, envolvendo a oração, a psicografia e a aplicação de passes. E sobretudo a cura.

O kardecismo instituído no Brasil não ficou nos limites dos centros espíritas e suas organizações de filantropia. Embora formado por um contingente relativamente pequeno de seguidores, em comparação ao de outras religiões, o espiritismo tem ganhado cada vez mais espaço nos meios de comunicação de massa e na indústria cultural, e também mais admiradores.

Além da presença permanente de romances psicografados e obras de autoajuda nas listas de livros mais vendidos, o lugar do espiritismo no cinema e na televisão parece garantido. Várias telenovelas de temática espírita já chegaram aos lares brasileiros, de modo geral tratando a religião com simpatia e respeito.

Filmes biográficos de líderes do kardecismo, estrelados por nomes importantes do cinema e da TV, atraíram recentemente grande público, como os dois dedicados ao médium de Uberaba: *Chico Xavier*, de 2010, realizado por Daniel Filho, e *As mães de Chico Xavier*, de 2011, com direção de Glauber Filho e Halder Gomes. O mesmo Glauber Filho fez, com Joe Pimentel, *Bezerra de Menezes: o diário de um espírito*, de 2008.

O sucesso do filme *Nosso lar*, dirigido por Wagner de Assis, é emblemático.

Baseado no livro homônimo atribuído ao espírito André Luiz, psicografado por Chico Xavier, alcançou um público de 1,6 milhão de espectadores nos primeiros dez dias de exibição (os

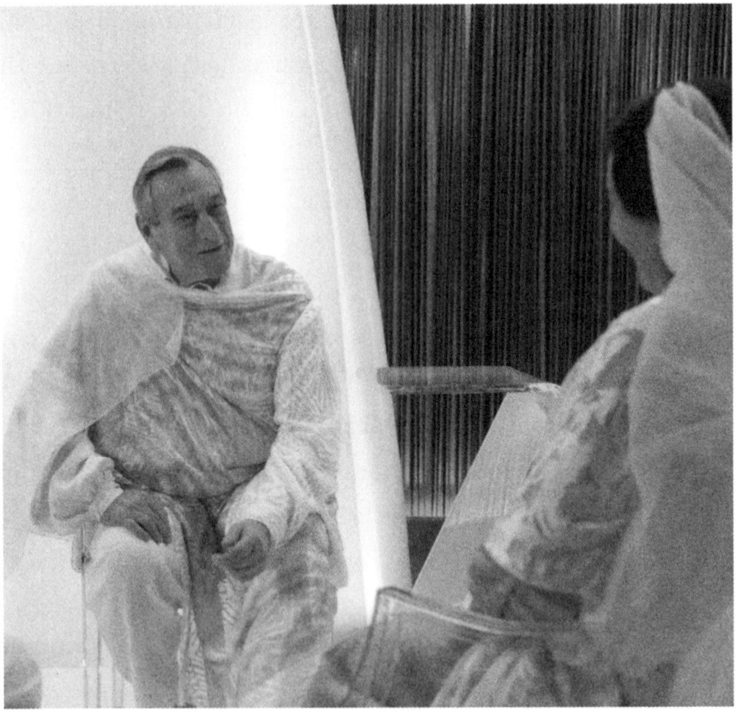

Paulo Goulart em cena do filme *Nosso Lar*, dirigido por Wagner de Assis e baseado na obra homônima do espírito André Luiz, psicografado por Chico Xavier.

espíritas declarados no censo de 2010 não chegam a 4 milhões!). Nesse filme, André Luiz, o protagonista, desperta no mundo espiritual em meio a almas sofredoras e sombrias, um mundo feio e assustador, como o purgatório católico descrito em *A divina comédia*, de Dante. Surpreende-se ao notar que, apesar de ter morrido, ele ainda sente fome, sede, frio, como se continuasse a viver na Terra. Após um longo período de expiação, espíritos de luz o levam desse mundo de sofrimento e purgação para a Colônia Espiritual Nosso Lar.

Ali, onde tudo é limpo, bonito e organizado, André Luiz depara-se com espíritos felizes e equipamentos urbanos e tecnologias parecidos com os que se veem em filmes de ficção científica. Cerca de 2 milhões de espíritos vivem, temporariamente ou não, na colônia. Com o tempo, ele começa a conhecer melhor a vida no além-túmulo e a adquirir conhecimentos que mudarão completamente seu modo de enxergar a vida. Uma nova ideia de trabalho faz parte do aprendizado. Apesar de feliz, sente vontade de retornar à Terra para visitar os parentes próximos, dos quais se lembra com saudade.

Chega a hora de visitar a família terrena. O que ele vê, sem ser visto, o faz sofrer: sua viúva vive feliz com um novo marido. A dor por que passa o leva a aprimorar suas concepções morais, e ele se percebe praticando ações menos egoístas para com aqueles que o fizeram sofrer, o que não teria feito antes, quando vivia na Terra. Na volta a Nosso Lar, está pronto para assumir uma ocupação voltada à ajuda e ao ensinamento dos recém-chegados à colônia. Até a hora em que uma nova reencarnação, na Terra ou em outro lugar, o faça prosseguir na caminhada espiritual que o deixará mais próximo de Deus.

Cura da alma,
cura do corpo

A vida de cada um na Terra é regida por seu carma, ou sua missão, como preferem dizer muitos kardecistas. Nenhum ser vivente é uma tábula rasa, pois o passado de cada um, o saldo de suas vidas anteriores, está inscrito em seu espírito. Cada um é autor de seu próprio drama, o responsável por aquilo que é, por seu sofrimento e também sua felicidade. O passado é o que conta no presente; para o futuro, o que conta é o agora. Boas ações significam evolução espiritual, crescimento, melhora. Más ações para com os outros, egoísmo, cupidez, imodéstia, enxergar no outro a possibilidade de tirar proveito para si significam atraso na caminhada espiritual, e atraso é padecimento.

Nas diferentes encarnações, o espírito age livremente e faz suas escolhas. Suas ações, boas ou más, somam-se em um saldo positivo ou negativo, e determinam a própria qualidade de vida. A dor e o sofrimento são de responsabilidade própria, e isso inclui a doença e o fracasso nas atividades vividas no cotidiano. O bem-estar, por sua vez, é a recompensa pelo saldo positivo das boas ações.

Se, por um lado, a ideia da responsabilidade individual sobre si mesmo implica explícito conformismo a respeito da vida, assumindo-se que aquele que sofre e é infeliz fez por merecer, por outro lado, o carma ruim pode e deve ser superado. O saldo da balança do mérito muda com o comportamento, pode ser zerado ou somado positivamente, oferecendo a oportunidade de uma vida melhor nas encarnações sucessivas, porque nada acaba aqui, o futuro não está nesta vida terrena. Cabe ao espiritismo ensinar esses princípios, pois se acredita que o homem e a mulher sofrem por causa de sua ignorância. Agir com amor e caridade é meta e aprendizado da religião, em benefício de quem age e de quem sofre sua ação.

O sofredor também faz o outro sofrer, em uma espécie de inversão da caridade. Um espírito sofredor pode trazer sérios prejuízos a um vivente, como a doença física e mental. Ele desconhece os passos que devem ser seguidos no caminho da evolução espiritual, apega-se à Terra e aos vivos, no anseio de usufruir de um corpo, de uma matéria que ele já não tem. Esse mau espírito se "encosta" em um vivente e o contagia com sua própria dor e seu sofrimento. O "encosto" de um espírito atrasado, na concepção kardecista, é a causa de muitos males. Quando o vivente que sofre também é um ignorante das leis cármicas, ele não sabe como ajudar o espírito que o atormenta e, por conseguinte, não pode ajudar a si mesmo. Cabe ao espírita mostrar ao que sofre e ao que produz o sofrimento o bom caminho da evolução.

O desenvolvimento espiritual para o kardecismo resulta em aproximar-se de Deus, por mais distante e inalcançável que Ele esteja. Jesus, que se doou à humanidade com amor e desprendimento, foi quem chegou mais perto de Deus. Sua vida é o modelo perfeito de caridade. O espírito sofredor deve se esforçar para seguir esse caminho. Mas precisa ser convencido disso, tem de ser doutrinado. Só assim deixará em paz os que aqui vivem na difícil tarefa de superar seu carma e contar pontos positivos que modifiquem a condição de sua existência em uma vida futura. O espírita acredita que a chave disso tudo está na prática da caridade, repetindo constantemente que sem ela não há salvação. Nem cura para as dores do corpo e da alma. O doutrinador, ao ajudar o espírito que sofre, também evolui.

Os espíritos de luz, por força de sua posição privilegiada na escala evolutiva, sabem mais da vida e do Universo do que os que ainda vivem na Terra, este planeta de purgação, e do que os espíritos sofredores. Para a cura dos males provocados pelos espíritos sofredores, os viventes podem contar com a sabedoria dos espíritos de luz que se encontram em missão na Terra.

Diante de uma pessoa que padece de uma doença, o guia pode ser chamado para identificar a causa do mal. É preciso saber se a moléstia tem uma origem espiritual e, se assim for, qual é a terapia apropriada. Para uma moléstia diagnosticada como resultante de um problema espiritual, o remédio evidentemente deve ser também espiritual. As terapias são muitas e vão dos passes, que o doente recebe passivamente, até os processos de desenvolvimento espiritual da mediunidade, o que implica converter-se ao kardecismo, ser iniciado, tornar-se um agente espírita.

As moléstias podem ser do corpo e da mente. Espíritos atrasados provocam a materialização de males que atingem os órgãos do corpo, podem enfraquecê-lo e deixá-lo suscetível a ser invadido por agentes da doença. Também produzem perturbações mentais, loucura, depressão, desequilíbrio psicológico. O mal pode ser ainda de responsabilidade do doente, provocado pelo próprio carma, consequência de um passado de más ações. É preciso descobrir a causa da moléstia, tarefa que compete aos iluminados. O mal-estar de origem espiritual pode ser igualmente moral, levando a pessoa a cometer ações antissociais.

Nem todo mal é de origem espiritual e muitas doenças devem ser tratadas pela medicina oficial. Nesse caso, o espiritismo contribui com um tratamento complementar que pode ajudar na recuperação. De todo modo, em qualquer situação de doença, o diagnóstico é necessário para que se encontre a melhor maneira de tratar o paciente e conseguir o alívio necessário para ele viver bem. Ao longo dos períodos de consulta e tratamento, o paciente não espírita vai aprendendo uma nova maneira de explicar a dor, a doença, o sentido da morte e da vida, vai assimilando uma nova visão de mundo.

A mediunidade é um instrumento fundamental na cura do corpo e da alma. Na concepção kardecista, todas as pessoas têm alguma capacidade mediúnica, mas é a missão de cada uma, seu carma, que acaba impondo a necessidade de fazer uso dela para poder, com mais profundidade, comprometer-se com o trabalho caridoso de amparo aos que sofrem. Para desenvolver a mediunidade e tornar-se médium, a pessoa precisa se submeter a um treinamento, por meio do qual se adquirem melhores condições de usar o próprio corpo a fim de servir aos espíritos.

O aprimoramento da capacidade de ajudar deve favorecer a cura de si mesmo e dos demais. Mas é comum que a recomendação para o desenvolvimento da mediunidade seja recebida com temor e desconforto pelo paciente, e nem sempre é levada adiante. Não só pelo compromisso de envolvimento como agente religioso que isso implica, mas também pela insegurança provocada pela ideia de pôr-se à prova na experiência do transe. Experimentar o transe é deixar-se tomar por outra consciência, um outro eu que quer se expressar.

Nas palavras de Kardec, em *O livro dos médiuns*:

> Todo aquele que sente, num grau qualquer, a influência dos espíritos é, por esse fato, médium. Essa faculdade é inerente ao homem; não constitui, portanto, um privilégio exclusivo. Por isso mesmo, raras são as pessoas que dela não possuam alguns rudimentos. Pode, pois, dizer-se que todos são, mais ou menos, médiuns. Todavia, usualmente, assim só se qualificam aqueles em quem a faculdade mediúnica se mostra bem caracterizada e se traduz por efeitos patentes, de certa intensidade, o que então depende de uma organização mais ou menos sensitiva. É de notar-se, além disso, que essa faculdade não se revela, da mesma maneira, em todos. Geralmente, os médiuns têm uma aptidão especial para os fenômenos desta ou daquela ordem, donde resulta que formam tantas variedades, quantas são as espécies de manifestações. As principais são: *a dos médiuns de efeitos físicos; a dos médiuns sensitivos, ou impressionáveis; a dos audientes; a dos videntes; a dos sonambúlicos; a dos curadores; a dos pneumatógrafos; a dos escreventes, ou psicógrafos.*[27]

27 Cf. Kardec, Allan. O *livro dos médiuns*, pp. 234-5.

Ser médium é deixar de ser um para ser muitos, é experimentar no seu íntimo as vidas vividas por outros, dizem os ensinamentos dessa religião. O transe mediúnico no kardecismo, diferentemente da concepção presente nas religiões afro-brasileiras, é, de preferência, consciente. O médium em transe deve se manter vigilante para que a comunicação se faça da melhor maneira possível. A consciência moral é responsável pelo bom funcionamento do aparelho.

Grande parte dos que aderem às chamadas religiões de conversão, como o pentecostalismo, as religiões afro-brasileiras e o próprio kardecismo, aproxima-se da nova crença na busca de cura para alguma doença ou outro mal, geralmente depois de ter tentado, sem resultado, a cura pela medicina e

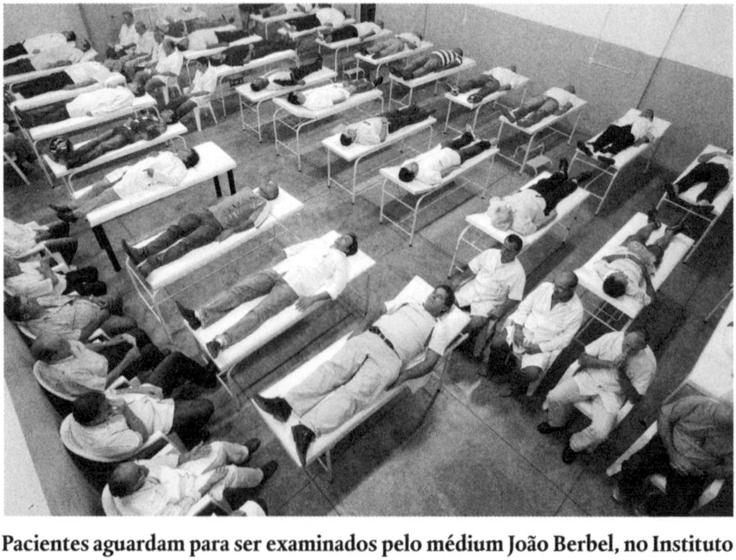

Pacientes aguardam para ser examinados pelo médium João Berbel, no Instituto de Medicina do Além, em Franca (SP), em 2011.

por seus agentes oficiais. Aderir à religião assumindo o papel de veículo dos espíritos como condição necessária para ser curado também é algo que se verifica ainda em outras religiões brasileiras de transe, como a umbanda, o candomblé e o catimbó. A prática terapêutica, dessa maneira, serve ainda à reprodução da própria religião, ao arregimentar nos consultórios e enfermarias religiosos seus futuros agentes.

Entre os guias espirituais importantes estão espíritos de médicos e cirurgiões, que usam suas técnicas profissionais, aprendidas em vidas passadas, para curar os doentes. Há centros espíritas especializados, em que o número de médiuns e guias médicos se contam às dezenas, e os pacientes, aos milhares, a ponto de parecerem verdadeiros hospitais. Com espaços para a recuperação e a internação dos pacientes, ali se fazem consultas, tratamentos e operações. Nada se cobra pelo tratamento. Em alguns centros, é preciso agendar a consulta e a operação com vários meses de antecedência, a não ser que se trate de uma emergência, que é prontamente atendida. Com a internet, alguns passaram a fazer agendamento eletrônico.

Também se pratica a cura à distância. O paciente permanece em sua residência e em determinado dia e hora recebe o adequado tratamento aplicado pelo espírito, capaz de chegar até seu leito.

Alguns médiuns curadores que recebem espíritos de médicos, geralmente cirurgiões, alcançam fama e se transformam em figuras nacionais. Podem atuar individualmente, alheios às práticas de centros e grupos kardecistas. Transformam-se em focos de atenção da mídia, aparecem na imprensa escrita e na televisão, as quais exibem seus prodígios, mas também tentam frequentemente demonstrar que tudo não passa de charlatanismo. Muitos desses médiuns curadores são processados por prática ilegal da medicina; alguns são condenados e presos.

Um dos mais conhecidos foi José Arigó, como era chamado José Pedro de Freitas (1921-1971), mineiro de Congonhas do Campo, que recebia o espírito de um certo doutor Fritz e praticava a medicina e a cirurgia. Conta-se que curou milhares de pessoas. Foi perseguido, processado, preso e indultado, mais de uma vez. Sobre ele, escreveu um dos líderes históricos do kardecismo paulista, José Herculano Pires (1914-1979), jornalista e escritor prolífico, chamado pelos espíritas de "o apóstolo de Kardec", em seu livro *Arigó: vida, mediunidade e martírio*:

> Da primeira condenação, em 1958, ele ficou livre facilmente por ter sido indultado pelo então presidente Juscelino Kubitschek de Oliveira. Nesse tempo, Arigó ainda não sabia o que era um indulto e ficou muito satisfeito com a decisão do presidente da República. Mas, já na segunda condenação, a 18 de novembro de 1964, Arigó tomou conhecimento do significado do indulto e quando lhe propuseram uma campanha nesse sentido ele a recusou, declarando firmemente: "Não quero ser perdoado de crime que não pratiquei. Quero que a justiça reconheça a minha inocência. Não sou criminoso". A tese do novo indulto permaneceu insistente, no espírito de muitos amigos de Arigó, mas o médium não arredou o pé da sua posição corajosa.[28]

28 Pires, José Herculano. *Arigó: vida, mediunidade e martírio*, pp. 19-20.

O médium José Pedro de Freitas, conhecido como José Arigó, em 1967.

Preso, Arigó se comoveu com as péssimas condições em que eram mantidos seus colegas de cadeia e iniciou intensa campanha para melhorar o tratamento dos prisioneiros. Contou Herculano Pires:

> Deram-lhe algumas regalias, como cama, local à parte, direito de tomar banhos quentes e assim por diante. Mas Arigó condoeu-se da situação dos demais presos e declarava para todos os que, em número de milhares de pessoas, o visitavam na prisão: "É uma pena o que fazem com esses meus colegas, gente boa que precisa ser mais bem tratada para se corrigir". Passou a conversar diaria-

mente com os colegas, a interessar-se por todos eles, a distribuir a todos os presentes frutas e doces que recebia, e pedir para eles a assistência de advogados e o amparo de autoridades que o visitavam. Conseguiu também, com auxílio dos seus parentes e amigos de Congonhas, que a imunda cadeia passasse por uma limpeza e pintura. Pediu que enviassem colchões aos presos e lutou para melhorar as instalações da prisão, com instalação de chuveiro e enceramento constante do piso.[29]

Libertado, Arigó reassumiu seu trabalho de médium espírita. Morreu em um desastre de automóvel, deixando milhares de pessoas se sentindo órfãs dele e do doutor Fritz.

Seu lugar na devoção popular não ficou vago; muitos são os médiuns que seguem cuidando daqueles que se aproximam do espiritismo em busca de consolo e cura. Entre eles, está João Teixeira de Faria, hoje internacionalmente conhecido como João de Deus, goiano nascido em 1942, homem simples que, segundo contam, não sabe ler nem escrever.

João de Deus tem atraído a Abadiânia, em Goiás, uma clientela de milhares de pessoas, de todas as partes do Brasil e de diferentes países, que buscam tratamento na Casa Dom Inácio de Loyola, fundada em 1976, assim nomeada em homenagem ao mentor espiritual do médium e considerada uma espécie de hospital espírita. Ali são oferecidas consultas, cirurgias e prescrições de medicamentos fabricados na própria instituição, sob orientação espiritual.

29 Idem, ibidem, p. 21.

São dois os tipos principais de cirurgias: as chamadas invisíveis, sem incisão, como a grande maioria das praticadas por João de Deus, e aquelas com corte cirúrgico e intervenção direta pelas mãos do médium nos tecidos doentes. Estas, em geral feitas com o uso de facas, bisturis, tesouras ou canivetes, sem assepsia nem anestesia e sem que o doente sofra dor ou infecção, eram as praticadas por Arigó, para o gozo da imprensa sensacionalista.

O médium João de Deus atende paciente em Abadiânia (GO), na Casa Dom Inácio, em 2012.

Há diferentes correntes no kardecismo, e nem tudo que se pratica em um centro ou é realizado por um médium é aceito por todos os espíritas. Médiuns famosos podem ter sua carreira ignorada e às vezes rejeitada por organizações kardecistas de peso no meio religioso. Muitos mantêm seus próprios centros alheios às tentativas de controle por parte de federações e grupos preocupados com a unificação da religião e com sua ortodoxia. Mas, qualquer que seja a forma da terapia espírita, o local de sua aplicação, sua base institucional e os agentes envolvidos, o lema kardecista de que sem caridade não há salvação é sempre lembrado, em toda parte. E tão generalizada é a prática curativa que há quem diga que sem cura não há kardecismo.

Espiritismo de umbanda, outra religião brasileira

Ao chegar ao Brasil, o kardecismo encontrou uma cultura bastante familiarizada com as ideias de transe como meio de comunicação com espíritos, de reencarnação e de cura espiritual, que foram assimiladas das religiões indígenas e africanas. O candomblé de caboclo de origem banta e indígena e o candomblé de orixás dos negros iorubás já estavam bem instalados em diferentes cidades. No Rio de Janeiro, negros migrados da Bahia, juntamente com a população afrodescendente local, mantinham e frequentavam terreiros de macumba – nome que se dava ao candomblé na então capital do país.

Tanto na Bahia quanto no Rio, muitos adeptos do candomblé passaram a frequentar também os centros kardecistas, levando para eles algumas concepções, entidades e práticas rituais próprias dos cultos afro-brasileiros. Nos centros espíritas, a convivência dos praticantes originários dos candomblés, ou seus simpatizantes, com os demais não podia ocorrer sem contradições e conflitos. Basta lembrar que, se no kardecismo tudo se faz em nome da caridade, nas religiões afro-brasileiras é necessário fazer oferenda sacrificial para agradar os orixás e espíritos encantados, e assim obter seus favores, em uma clara relação de troca entre humanos e divindades.

Outra diferença importante é que no kardecismo a sabedoria de um espírito-guia ideal é associada a seu elevado grau de escolaridade ou ao estrato social alto a que pertenceu em vida, enquanto a sabedoria na concepção africana se adquire com a experiência de vida, nas conquistas do dia a dia, no enfrentamento do oponente com coragem e determinação, sem que haja nenhuma relação com o conhecimento cultivado nas escolas e nas letras, conforme a tradição ocidental.

Na concepção kardecista, os caboclos, espíritos de indígenas, por exemplo, seriam valentes, mas incultos, longe do modelo ideal do guia de luz. Os pretos velhos, espíritos de escravos, têm boa índole, mas são considerados ignorantes. Por isso são rejeitados por espíritas mais ortodoxos, embora muitos centros kardecistas recorram a eles, assim como a caboclos, para a solução de casos que às vezes envolvem aspectos morais que dificultam a intervenção dos espíritos brancos, escolarizados e pautados por uma ética estrita.

Essa rejeição preconceituosa está na origem do surgimento de outra religião mediúnica. Do atrito entre essas duas concepções religiosas, a do candomblé e a do espiritismo, nasceu, por volta de 1920, no Estado do Rio de Janeiro, o espiritismo de umbanda, mais tarde chamado simplesmente de umbanda. A Tenda Espírita Nossa Senhora da Piedade, criada em Niterói, é considerada por muitos como o marco de fundação da nova religião, embora já houvesse iniciativas parecidas.

Dirigido pelo médium fluminense Zélio de Moraes (1891-1975), o centro foi dedicado ao guia Caboclo das Sete Encruzilhadas. Consta que sua fundação teria sido uma iniciativa de dissidentes de um grupo kardecista que rejeitava a presença de guias analfabetos negros e caboclos, porque os considerava espíritos inferiores. Em 1938, a instituição se mudou para uma área central do Rio de Janeiro, e logo ocorreu a formação de muitos outros locais de culto assemelhados. Em 1941, realizou-se na cidade o Primeiro Congresso de Umbanda, ao qual compareceram seguidores de São Paulo e de outros Estados. Tratava-se de dar unidade ao movimento em expansão.

A umbanda nascente retrabalhou os elementos religiosos incorporados à cultura brasileira por um estamento negro que se diluía e se misturava na constituição das classes sociais, em uma cidade que, capital federal, via-se como predominantemente branca, mesmo quando proletária, culturalmente europeia, que valorizava a organização burocrática da qual vivia boa parte da população, que premiava o conhecimento pelo aprendizado escolar em detrimento da tradição oral e que já aceitara o kardecismo como religião. Ela tratou então de se livrar daqueles aspectos mais diretamente vinculados à tradição africana, marcas étnicas usadas como estímulos aos preconceitos racial e religioso que atingiam o candomblé e a macumba.[30]

Os passos decisivos para a implantação do novo credo foram a adoção da língua vernácula nos ritos, abandonando as línguas rituais africanas, a simplificação da iniciação sacerdotal

30 Ver Prandi, Reginaldo. *Os candomblés de São Paulo.*

e a eliminação quase total do sacrifício de sangue. A iniciação na umbanda adotou um estilo de aprendizado mediúnico público, em detrimento da iniciação secreta do candomblé – conduzida por semanas a fio no isolamento da camarinha, espaço de clausura existente nos terreiros. Manteve, porém, o rito cantado e dançado dos candomblés, bem como um panteão simplificado de orixás, já anteriormente sincretizados com santos católicos, mas tendo no centro do culto os espíritos caboclos e negros, os guias da umbanda.

No kardecismo, os guias podem ser espíritos de pessoas mortas cuja biografia é bem conhecida ou entidades míticas que viveram há muito tempo na Terra. Além dos guias, comunicam-se por meio dos médiuns espíritos de familiares, amigos e líderes populares com passado conhecido.

Na umbanda, os guias são entidades que viveram em um tempo distante e cuja existência na Terra só pode ser contada por lendas que, habitualmente, eles mesmos ensinam, sobretudo por meio das cantigas com que costumam se apresentar nas sessões. Na umbanda, não é comum a presença de espíritos de pessoas conhecidas. Em geral, os guias representam tipos sociais característicos do imaginário brasileiro: indígenas ou caboclos, escravos ou pretos velhos, boiadeiros, baianos, crianças, nobres, ciganos e outros.

A sessão de umbanda, que é chamada "gira", divide-se em duas partes: a primeira, cantada e dançada, ao som de atabaques, faz a evocação dos guias, que chegam, apresentam-se, cantam e dançam; a segunda é totalmente dedicada à consulta e à cura dos necessitados. Diz-se que as entidades

Gira de caboclos na Tenda Espírita do Colégio de Umbanda Sagrada Pai Benedito de Aruanda, em São Paulo (SP), em 2007.

espirituais vêm no candomblé para dançar, e na umbanda, para trabalhar.

Os espíritos ou guias que se manifestam em transe para ajudar quem deles precisa estão organizados em grupos denominados "falanges" ou "linhas", obedecendo a algum comando hierárquico. Há os caboclos – primeiros habitantes da terra brasileira e já cultuados pelos negros bantos nos candomblés de caboclo, anteriores à umbanda –, destemidos senhores dos saberes primordiais, capazes de lutar com valentia e orgulho contra qualquer mal; os pretos velhos, espíritos de escravos que aprenderam com sofrimento e paciência os segredos essenciais da vida; as crianças, capazes de enxergar o mundo com olhos puros; os príncipes e princesas de outros lugares, portadores de conhecimentos exóticos; os boiadeiros, que aprenderam, quando vivos, a enfrentar as agruras da terra seca sob o sol inclemente, entre outras entidades.

Há uma infinidade de guias de cada grupo, cada um com seu nome e mito. Por exemplo, entre os caboclos: Pena Branca, Sete Flechas, Sete Cachoeiras, Urubatão, Cobra Coral, Ubirajara e as caboclas Jurema, Jupira e Iara; entre os pretos velhos: Pai Joaquim de Aruanda, Pai José de Cambinda, Pai João de Angola, Maria Conga e Mãe Coranga; entre os boiadeiros: Sete Laços, Boiadeiro Chico e Laço de Ouro; entre os baianos: Zé do Coco, Maria do Balaio, Seu Severino, Maria Bonita, Corisco e Maria Rosa; entre as crianças: Pedrinho e Mariazinha.[31]

Acima desses guias, chefiando as falanges, estão os orixás, deuses africanos, como Ogum, o senhor dos caminhos; Oxóssi, o dono da floresta e da caça; Xangô, o patrono do trovão e da justiça; Omulu, divindade da terra que acolhe o corpo dos mortos e senhor da peste; Iansã, a rainha do raio e dos espíritos; Oxum, a mãe do rio, senhora da beleza e da fertilidade; Iemanjá, a rainha do mar, mãe de todos, a Nossa Senhora; e Oxalá, considerado o maior de todos os orixás, o pai da humanidade, sincretizado com Jesus. Os orixás recebem homenagens e são sempre lembrados, alguns com grandes festas, como as de Iemanjá, realizadas nas praias do Brasil. Quem, entretanto, comunica-se pelo corpo dos

31 Ver Prandi, Reginaldo (org.). *Encantaria brasileira.*

Devotos levam oferendas ao mar durante a Festa de Iemanjá da Praia Grande, no litoral sul de São Paulo, em dezembro de 2010.

médiuns e ajuda os mortais são os caboclos, os pretos velhos e demais guias.

Também há espíritos que em sua vida na Terra foram homens e mulheres marginalizados em razão de seu comportamento antissocial. Conta sua mitologia que teriam sido bandidos, ladrões, prostitutas, devassos, golpistas, jogadores, dançarinas de cabaré e todo tipo de gente socialmente indesejada. Aprenderam duramente com sua exclusão, sua rejeição e seu sofrimento, têm muito a ensinar e podem também nos auxiliar. Sua ajuda é especialmente procurada para a solução dos mais espinhosos problemas da intimidade. São os exus, espíritos masculinos, e as pombajiras, espíritos femininos, cultuados em rituais exclusivos, em uma divisão da umbanda denominada quimbanda. Entre eles: Tranca Rua, Exu Tronqueira, Exu Veludo, Exu das Sete Portas, Exu Gira Mundo, Pombajira Cigana, Dama da Noite, Maria Molambo, Rainha das Sete Encruzilhadas e Maria Padilha.[32]

Na umbanda que se consolidou, o aconselhamento, a cura e a solução de outros problemas são mantidos pelo trabalho dos guias, mas enfraqueceu a ideia de que os espíritos também precisam de auxílio espiritual e podem ser ajudados pelos vivos por meio da doutrinação caridosa. A noção de desenvolvimento espiritual, central no kardecismo, ocupa lugar periférico na umbanda. Os guias de umbanda ajudam os vivos, mas gostam de ser recompensados com presentes, como despachos ou oferendas, e também com atenção, como a oferecida nas festas dançantes.

Preservou-se a noção de que praticar a caridade é bom e desejável, mas isso não é mais pensado como a mola do progresso espiritual que move a religião. A ideia da reencarnação persiste, mas os princípios cármicos e éticos que a regem no kardecismo foram, em grande parte, deixados de lado, prevalecendo na umbanda a noção africana, mantida no candomblé, de que os espíritos dos mortos reencarnam porque o bom é viver na Terra, e não no mundo dos espíritos, não se acreditando tampouco em prêmio ou punição após a morte em razão das ações praticadas durante a vida.

No curso da propagação do espiritismo kardecista e da umbanda por todo o país, essas duas alternativas mantiveram-se em permanente contato, resultando na adoção por cada uma delas de elementos mais característicos da outra. Candido Proco-

32 Ver Prandi, Reginaldo. *Segredos guardados*, capítulo 3.

pio Ferreira de Camargo, sociólogo que estudou essas religiões já no final da década de 1950, comprovou a existência de gradações que vão do centro kardecista mais próximo do modelo ideal dos fundadores até o terreiro de umbanda ideal mais afinado com as tradições africanas. Ao longo desse gradiente, os centros kardecistas e terreiros de umbanda se situariam em pontos mais próximos ou afastados dos dois polos, de acordo com a maior ou menor contribuição recebida de um e de outro.[33]

Até hoje os umbandistas costumam se declarar espíritas, quando não católicos, enquanto os kardecistas costumam rejeitar qualquer proximidade com a umbanda, embora muitos deles também se declarem católicos. Nas transformações observadas nos últimos trinta anos, uma parte da umbanda recuperou muitos elementos do candomblé que haviam sido abandonados, e não é raro encontrar hoje um mesmo grupo de culto que reúne práticas do candomblé, da umbanda e do kardecismo, cada religião separada em dias diferentes no calendário do templo.

O denominador comum é a mediunidade usada para a comunicação de mortos, divindades afro-brasileiras e entidades. É uma mediunidade diferente daquela praticada por denominações pentecostais e pelo catolicismo carismático, quando os agraciados com o dom do Espírito Santo, em transe, falam línguas estranhas, um sinal de sua condição de escolhidos de Deus.

33 Ver Camargo, Candido Procopio Ferreira de. *Kardecismo e umbanda: ensaio de interpretação sociológica*; Camargo, Candido Procopio Ferreira de; Prandi, Reginaldo et alii. *Católicos, protestantes, espíritas.*

A umbanda, como já acontecera ao kardecismo, foi sistematicamente combatida pela Igreja Católica e pelos católicos, que a chamaram de baixo espiritismo, ou seja, uma versão inferior do kardecismo. Em contraposição à umbanda, de rito cantado e dançado nos moldes do candomblé, de inegável origem negro-africana, o kardecismo passou a ser chamado de espiritismo de mesa branca ou, simplesmente, mesa branca.

Muitos kardecistas se autodenominam, assim, espíritas de mesa branca, embora, em certos casos, não seja mais vedado ao espírito do escravo, o preto velho, manifestar-se em suas sessões. E umbandistas de centros, tendas ou terreiros que excluíram de seus ritos os atabaques e a dança chamam sua religião de umbanda branca. Também se podem ver terreiros de umbanda em que se manifestam espíritos de mortos da elite do país, entre os quais políticos que em vida foram amados pelo povo.

O kardecismo é uma religião discreta; a umbanda se expõe abertamente em celebrações realizadas nas praias brasileiras e que estão entre as mais concorridas festas públicas do país. Vestir-se de branco e levar flores para Iemanjá na praia, na noite do réveillon, é uma atividade que mobiliza milhões de pessoas todos os anos. Mas essa festa, que já foi da umbanda, hoje em dia é de todos. De qualquer modo, mesmo que possam se confundir em certos aspectos, o kardecismo e a umbanda são duas religiões distintas.

A esses espíritas – os kardecistas e os umbandistas – se juntam ainda os que se denominam espiritistas e espiritualistas. Estes, em geral, creem na reencarnação e se norteiam por certos aspectos do espiritismo, mas, à maneira das crenças da modernidade, escolhem para si os aspectos que mais lhes interessam, sem se comprometer com essa ou aquela forma institucionalizada de religião. Muitos católicos, por sua vez, frequentam centros e terreiros em busca da ajuda dos guias espirituais, mas continuam católicos. Kardecistas, umbandistas e seguidores das religiões afro-brasileiras tradicionais se autodenominam, genericamente, espíritas, quando não católicos. Difícil saber, portanto, quantos são eles, em cada uma das crenças.

Os espíritas na sociedade brasileira

As religiões explicam o mundo, congregam os seguidores em torno de valores que orientam a conduta, fornecem identidades para que eles se situem na existência e amparam seus devotos e clientes em momentos de dificuldade. Fazem de tudo para controlar a vida dos fiéis. Até recentemente, legitimavam governos e nações. A sociedade dependia completamente da religião. Com as mudanças sociais conhecidas pelo nome de secularização, as religiões foram perdendo importância. Muita coisa mudou, e hoje elas se ocupam mais do cuidado do indivíduo e interferem pouco na sociedade como um todo.

A sociedade secularizada em que vivemos prescinde do apelo às explicações religiosas. Seus governos, instituições, mercados, escolas, meios de comunicação, tudo é *não religioso*. O modelo ideal do novo homem e da nova mulher da sociedade contemporânea é igualmente não religioso: competência profissional, competitividade, autossuficiência e visibilidade social são muito importantes para a forma atual de conduta. O comportamento esperado é fundado na razão. Mesmo o modo estereotipado de se vestir, pentear-se e apresentar-se em público que caracterizava os fiéis pentecostais há vinte ou trinta anos caiu em desuso.

Pertencer a uma determinada religião, nos dias de hoje, é questão de escolha pessoal, não mais de herança social ou familiar, um legado que se deve defender para garantir a própria identidade. A religião que se professa já não é aquela na qual o indivíduo nasce, mas a que ele escolhe. A religião que alguém elege para si, agora, selecionada de uma pluralidade de credos em permanente expansão e mudança, também não é mais, necessariamente, a que seguirá amanhã. Agora, o religioso é um ser pouco fiel. Por isso, mais de um quarto da população adulta da região metropolitana de São Paulo professa religião diferente daquela que seus pais seguiam quando ele nasceu. Entre os convertidos, muitos já experimentaram sucessivas opções.[34]

Embora haja espíritas nascidos em famílias kardecistas, na maioria dos casos ser espírita ainda representa uma escolha pessoal, uma mudança.

Houve um tempo em que mudar de religião representava uma ruptura social e cultural, além de ruptura com a própria biografia, e implicava adesão a novos valores, mudança de visão de mundo, adoção de outros modelos de conduta etc. As famílias se envolviam, faziam pressão, se envergonhavam dos parentes que trocavam de credo.

Mudar de religião, atualmente, parece não incomodar ninguém, como se isso fosse um direito líquido e certo daquele que se transformou em uma espécie de consumidor da esfera do sagrado, um consumidor religioso. Na lógica da oferta dessa espécie de mercado de bens simbólicos, como se costuma

34 Ver Pierucci, Antônio Flávio; Prandi, Reginaldo, op. cit.

dizer, as religiões se transformam para atender às demandas de novos tempos.

Ser espírita já foi bem mais difícil. Basta lembrar que na época do Segundo Império os espíritas foram alvo costumeiro de ataques da imprensa, reclamações de médicos e oposição da Igreja Católica. Com a República, ficou pior: o primeiro Código Penal republicano, que vigorou de 1890 a 1940, em seu artigo 157, criminalizava explicitamente o espiritismo, com pena de prisão de um a seis meses e multa. A Constituição e as demais leis atuais garantem liberdade de culto a todos, embora o preconceito religioso não tenha se apagado completamente. Em um país de maioria cristã (87% da população residente no Brasil se declarou católica ou evangélica ao censo demográfico do IBGE de 2010), a pregação de padres e pastores contra uma religião que eles consideram estranha às tradições cristãs alimentou durante décadas o preconceito contra o espiritismo.

O kardecismo tem em Jesus Cristo seu principal modelo de conduta virtuosa, funda-se nos valores cristãos, busca se afirmar como a mais avançada vertente do cristianismo e considera-se a autoridade única na verdadeira interpretação da mensagem cristã, mas rejeita a divindade de Jesus. Em *A gênese*, Kardec trata da ideia defendida por outros, mas não por ele – a não ser como objeto de investigação –, de que "Jesus não teria tido um corpo carnal, mas apenas um corpo fluídico; não teria sido em toda a sua vida mais do que uma aparição tangível".[35]

35 Kardec, Allan. *A gênese*, p. 447.

Jesus Cristo, o mais iluminado dos espíritos reencarnados na Terra, não ocupa no espiritismo o lugar de Deus filho, como no catolicismo e no protestantismo. Não faz parte da Santíssima Trindade, que é completamente estranha ao kardecismo. Por isso, católicos e evangélicos, das diferentes igrejas, não reconhecem o espiritismo como religião cristã. Historiadores e sociólogos da religião preferem incluir o espiritismo em um ramo diferente do cristianismo, entre as chamadas religiões mediúnicas.[36] Mas a maioria dos espíritas se diz cristã, assim como os umbandistas, que veneram Jesus Cristo, identificado em Oxalá.

Hoje, grupos religiosos, igrejas e denominações cindem-se, multiplicam-se e transformam-se, diversificando a oferta de alternativas religiosas. Outros mantêm a unidade institucional, mas criam facetas múltiplas, capazes de atender a demandas variadas a partir de mensagens diferentes e movimentos particulares, embora gostem de advogar que a diversidade que contemplam e produzem repousa em verdades teológicas únicas, das quais a religião atual pode simplesmente representar uma etapa avançada, mais evoluída.

Ainda assim, os grupos religiosos são bem definidos em termos das características sociais e culturais que marcam sua identidade. Os mais pobres, por exemplo, são o maior grupo entre os evangélicos pentecostais de conversão recente. O candomblé já foi religião de negros, hoje é uma religião para todos. A umbanda foi fundada como religião para todos, mas de seus devotos pode-se

36 Ver Camargo, Candido Procopio Ferreira de; Prandi, Reginaldo et alii, op. cit.

dizer que pertencem a estratos baixos da classe média. O catolicismo carismático é um movimento de classe média.

Elevada escolaridade é a marca dos espíritas kardecistas. Eles pertencem a uma religião que valoriza a escola e o progresso intelectual, que às vezes se confunde com progresso espiritual. Consideram que toda sua doutrina foi e continua sendo transmitida por espíritos mais evoluídos por meio da palavra escrita, que eles usam no dia a dia da religião como meio privilegiado de comunicação com os mortos. Também dedicam parte de seu tempo de prática religiosa à leitura e ao estudo da palavra dos espíritos.

Os espíritas são o grupo mais escolarizado do país. De acordo com o censo demográfico de 2010, do IBGE, seus níveis de escolaridade são maiores que os dos demais grupos religiosos. No segmento das pessoas de quinze anos ou mais, têm nível superior completo 32% dos espíritas, taxa que cai para 13% entre os seguidores das afro-brasileiras umbanda e candomblé, para 9% entre os católicos e que despenca para 4% entre os evangélicos pentecostais. Tomando-se a outra ponta da escala, essa superioridade escolar dos espíritas é confirmada pelo fato de que apenas 2% deles não têm nenhuma instrução, número que sobe para 3% entre os afro-brasileiros e 6% entre os católicos e os pentecostais.

No Brasil, os anos de escola são um bom indicador de classe social, e os números apresentados apontam os kardecistas como um grupo típico de classe média, como foi desde o começo do movimento. Os dados de rendimento domiciliar *per capita* do censo de 2010 confirmam essa posição. Para o conjunto da população brasileira de dez anos ou mais, verifica-se que 22% dos espíritas estão concentrados na faixa até 1 salário mínimo mensal *per capita*, enquanto na mesma faixa estão 44% dos afro-brasileiros, 56% dos católicos e 64% dos evangélicos pentecostais. No outro extremo, têm rendimento mensal *per capita* acima de 5 salários mínimos 20% dos espíritas, 7% dos afro-brasileiros, 5% dos católicos e 2% dos pentecostais.

Em suma, os espíritas são em média os mais escolarizados e de maior renda, e os evangélicos, os menos escolarizados e mais pobres. Uns e outros estão em polos opostos em uma escala de estratificação social.

A respeito dos grupos religiosos, o censo de 2010 mostrou também diferenças significativas em termos de cor ou raça declarada. Os brancos representaram 69% dos espíritas, 49% dos católicos, 47% dos adeptos das religiões afro-brasileiras e 41% dos pentecostais.

Em termos demográficos, o espiritismo vive uma conjuntura favorável. Os censos mostraram um crescimento de 35% no número de seus adeptos entre os anos de 2000 e 2010. Os espíritas declarados passaram de menos de 1% para 2% do conjunto dos brasileiros. Isso representa quase 4 milhões de adeptos em um país de 190 milhões de habitantes. É uma taxa de crescimento nada desprezível. No mesmo período, as religiões evangélicas cresceram 44%, saltando de 15% para 22% da população residente brasileira. Enquanto isso, o catolicismo sofreu uma queda de 12% – de 74% para 64% da população –, e as religiões afro-brasileiras se mantiveram no magro contingente de 0,3%.

De todo modo, essas cifras não levam em consideração todos aqueles que frequentam o espiritismo como clientes circunstanciais e que, juntamente com os seguidores, buscam nos espíritos, através dos médiuns, consolo, cura para as doenças, solução para todo tipo de problema, inspiração para diferentes manifestações estéticas e motivação moral para a conduta em uma sociedade em que a responsabilidade pelas escolhas individuais, inclusive as religiosas, é cada vez mais presente.

Referências bibliográficas

ARRIBAS, Célia da Graça. *Afinal, espiritismo é religião?*. São Paulo: Alameda, 2010.

AUBRÉE, Marion; LAPLANTINE, François. *A mesa, o livro e os espíritos: gênese, evolução e atualidade do movimento social espírita entre França e Brasil*. Maceió: Editora da UFAL, 2009.

CAMARGO, Candido Procopio Ferreira de. *Aspectos sociológicos del espiritismo en São Paulo*. Friburgo: Feres, 1961.

________. *Kardecismo e umbanda: ensaio de interpretação sociológica*. São Paulo: Pioneira, 1961.

CAMARGO, Candido Procopio Ferreira de; PRANDI, Reginaldo et alii. *Católicos, protestantes, espíritas*. Petrópolis: Vozes, 1973.

CONAN DOYLE, Arthur. *The History of Spiritualism*. Londres: Cassell and Company Ltd., 1926, 2 v.

GIUMBELLI, Emerson. *O cuidado dos mortos: uma história da condenação e legitimação do espiritismo*. Rio de Janeiro: Arquivo Nacional, 1997.

KARDEC, Allan. *O Evangelho segundo o espiritismo*. Tradução de Guillon Ribeiro. Rio de Janeiro: Federação Espírita Brasileira, 2002. Edição original francesa: 1864.

________. *O livro dos espíritos*. Tradução de Guillon Ribeiro. Rio de Janeiro: Federação Espírita Brasileira, 2004. Edição original francesa: 1858.

________. *A gênese*. Tradução de Guillon Ribeiro. Rio de Janeiro: Federação Espírita Brasileira, 2005. Edição original francesa: 1868.

________. *O céu e o inferno*. Tradução de Manuel Justiniano Quintão. Rio de Janeiro: Federação Espírita Brasileira, 2005. Edição original francesa: 1865.

________. *O livro dos médiuns*. Tradução de Guillon Ribeiro. Rio de Janeiro: Federação Espírita Brasileira, 2005. Edição original francesa: 1861.

________. *Obras póstumas*. Tradução de Guillon Ribeiro. Rio de Janeiro: Federação Espírita Brasileira, 2005. Edição original francesa: 1890.

________. *Viagem espírita de 1862*. Tradução de Evandro Noleto Bezerra. Rio de Janeiro: Federação Espírita Brasileira, 2005. Edição original francesa: 1862.

LEWGOY, Bernardo. *Chico Xavier: o grande mediador*. Bauru: Edusc, 2004.

PIERUCCI, Antônio Flávio; PRANDI, Reginaldo. *A realidade social das religiões no Brasil*. São Paulo: Hucitec/ Edusp, 1996.

PIRES, José Herculano. *Arigó: vida, mediunidade e martírio*. São Paulo: Edicel, 1963.

PRANDI, Reginaldo. *Os candomblés de São Paulo*. São Paulo: Hucitec, 1991.

________. *Segredos guardados*. São Paulo: Companhia das Letras, 2005.

________ (org.). *Encantaria brasileira*. Rio de Janeiro: Pallas, 2001.

RIO, João do [Paulo Barreto]. *As religiões do Rio*. Paris/ Rio de Janeiro: Livraria Garnier, 1904.

XAVIER, Francisco Cândido. *Estamos no além*. Araras: Instituto de Difusão Espírita, 2008.

________. *Nosso lar*. Rio de Janeiro: Federação Espírita Brasileira, 2010.

XAVIER, Francisco Cândido; BASILE, Priscilla. *Gaveta de esperança*. Araras: Instituto de Difusão Espírita, 1988.

Sobre o autor

Reginaldo Prandi, paulista de Potirendaba, é professor sênior do departamento de sociologia da Universidade de São Paulo (USP) e pesquisador do Conselho Nacional de Desenvolvimento Científico e Tecnológico (CNPq). É autor de livros de sociologia, mitologia e literatura policial, entre os quais, *Mitologia dos orixás*; *Segredos guardados: orixás na alma brasileira* e *Morte nos búzios*, todos pela Companhia das Letras. Também publicou vários livros infantojuvenis como *Ifá, o adivinho*; *Xangô, o trovão*; *Oxumarê, o arco-íris*; *Minha querida assombração*; *Jogo de escolhas*; *Feliz aniversário*; *Contos e lendas afro-brasileiros* e *Contos e lendas da Amazônia* (Companhia das Letras), além de *Os príncipes do destino* (Cosac Naify). Recebeu, entre outros, o Prêmio Érico Vannucci Mendes 2001, outorgado pelo CNPq, pela Sociedade Brasileira para o Progresso da Ciência (SBPC) e pelo Ministério da Cultura, por sua contribuição à preservação da memória cultural brasileira.

Este livro foi composto na fonte Albertina
e impresso em dezembro de 2012 pela Corprint,
sobre papel pólen bold 90 g/m².